조성욱의 시편 묵상

조성욱의

시편 묵상

홍성사

일러두기

• 본문의 성경 구절은 개역개정을 사용했습니다.

들어가기 전에

〈소나기〉의 작가 황순원(평양 숭실학교, 1934년 졸업)은 이렇게 고백했습니다.

작품다운 작품을 쓰지 못할 바에는 오히려 안 쓰는 편이
낫다는 작가적 양심이 그저 쓰고 싶다는 욕심 앞에 제발
무릎을 꿇지 않기를 바라고 있다. 작가 의식은 언제나 깨어
있어야 한다.

1975년 서울 숭실 중학교를 졸업한 후배인 조성욱
목사가 소낙비가 아닌 가랑비 같은 심정으로 시편 세 번째
책을 세상에 내놓습니다.

목회와 선교 현장에서 고군분투하는 용사님들을
격려합니다.

목동에서
작은 종 조성욱 올림

차례

아 하나님의 은혜로 이 쓸데없는 자 왜 구속하여 주는지 난 알
수 없도다 내가 믿고 또 의지함은 내 모든 형편 아시는 주님 늘
보호해 주실 것을 나는 확실히 아네 (새찬송가 310장)

레위(לֵוִי 레비)는 무슨 뜻일까? 첫째, '빌려 받은
인생'이다.[1] '초태생이 다 죽을 때, 너희 중의 한 지파는
살려주겠다'고 약속하신 하나님의 은혜 가운데 레위인으로
재탄생된 것과 관련되어 있다. 모든 것이 다 하나님의
은혜라는 것이다.

---

1   "한나가 마음이 괴로워서 여호와께 기도하고 통곡하며 서원하여 이르되 만군의
     여호와여 만일 주의 여종의 고통을 돌보시고 나를 기억하사 주의 여종을 잊지
     아니하시고 주의 여종에게 아들을 주시면 내가 그의 평생에 그를 여호와께 드리고
     삭도를 그의 머리에 대지 아니하겠나이다"(삼상 1:10-11). '사무엘'의 히브리어
     뜻은 '하나님이 빌려주신 인생'이다.

둘째, '동행'이다.[2] '레비'의 히브리어 형태를 바꾸어
'멜라베'라고 하면 '동행한다'는 뜻이 된다. 레위인은
평생 하나님 앞에서 하나님과 동행하는 복을 받았다.
하나님과 동행하며 그분의 거룩하신 임재 앞에 우리의 삶도
거룩해지기를 소망해본다.

시편은 총 다섯 묶음이다. 첫 묶음은 주로 다윗의 시,
둘째는 고라 자손의 시, 셋째는 아삽의 시이다. 아삽의 시의
의미는 무엇일까? 미국 캘리포니아 대학에서 은퇴한 후
이스라엘로 와 레위기 주석을 쓴 랍비이자 학자 제이코브
밀그롬(Jacob Milgrom)[3]에 의하면 유대인들은 세 살 때 처음으로
레위기를 읽고 열다섯 살에 탈무드를 읽는다. 왜 레위기로
시작할까? 레위기를 통해 거룩함을 배울 수 있기 때문이다.
내용을 담기 전에 그릇을 준비하는 것이 유대인들의 지혜가
아닐까?[4] 레위기를 깊이 공부하다 보면 예수 그리스도의

---

2 구약에서 동행의 의미와 축복을 잘 말해주는 예는 에녹이다. "에녹은 육십오 세에
   므두셀라를 낳았고 므두셀라를 낳은 후 삼백 년을 하나님과 동행하며 자녀들을
   낳았으며 그는 삼백육십오 세를 살았더라 에녹이 하나님과 동행하더니 하나님이
   그를 데려가시므로 세상에 있지 아니하였더라"(창 5:21-24).

3 Jacob Milgrom, *Leviticus I, II, III* (The Anchor Bible). 유학시절 밀그롬 교수
   집에 가서 레위기 25장 희년을 배웠다.

4 "큰 집에는 금 그릇과 은 그릇뿐 아니라 나무 그릇과 질그릇도 있어 귀하게 쓰는
   것도 있고 천하게 쓰는 것도 있나니 그러므로 누구든지 이런 것에서 자기를
   깨끗하게 하면 귀히 쓰는 그릇이 되어 거룩하고 주인의 쓰심에 합당하며 모든
   선한 일에 준비함이 되리라"(딤후 2:20-21).

속죄에 대해서 더 잘 이해할 수가 있다.

시편의 네 번째 묶음은 민수기에 해당한다. 민수기를 히브리어로는 '광야에서'로 부른다.[5] 광야에서 누구에게 어떤 일이 일어났는지를 상세하게 기술하는 것이다. 그렇다면 시편의 세 번째 묶음을 레위기, 네 번째 묶음을 민수기로 이해해 볼 수 있다. 레위의 뜻의 새로운 빛 아래에서 이스라엘 백성들이 걸어 간 광야 여행을 함께 걸어가 보는 것이 이 책의 목적이다.

자 출발!

---

5 관점에 따라 제목이 달라진다. 백성의 수를 기록한 의미로는 '민수기'요, 광야를 통과하는 과정을 설명하면 히브리어 제목 '광야에서'가 된다.

하나님을 가까이하며
부르는 노래

하나님께 가까이 함이 내게 복이라 내가 주 여호와를
나의 피난처로 삼아 주의 모든 행적을 전파하리이다

'아삽'(אָסָף)은 찬송하는 사람이다. 히브리어 뜻은
'모으다'이다. 우리는 어떤 것을 모으고 있나 자문해 볼
필요가 있다. 예수의 가치를 모아야 하지 않을까? 예수를,
진리를 많이 모으기를 축복한다.

땅의 것을 추구하면 초라해지고 하늘로부터 오는
은혜를 구하면 사람들이 부러워하는 교회가 된다는 데
기독교의 힘이 있다. 오늘 교회가 어려운 것은 세속을
허용했기 때문이다. 눈물, 기도, 믿음이 우리의 힘임을
기억하자.

15

73편의 구조

첫째, 선언이다.

하나님은 이스라엘에게 선하시도다(1절)

히브리어 표현 중 '렙 니슈바르'(לֵב־נִשְׁבָּר 심령이 상한 사람, 시 51:19)가 있다. 하나님은 심령이 상한 사람들을 안아주신다. 살아가면서 얼마나 걱정과 근심이 많은가! 하나님께 나아가야 할 때다. 심령이 가난한 자에게 하나님은 선하시다. 이것이 복된 소식 아닐까? 주님밖에 의지할 데가 없는 사람들에게 하나님은 참으로 선하시다.

둘째, 바라봄이다.[6] 누구를 바라보아야 하는가? 하늘, 아름다운 강물, 꽃, 착한 사람을 바라보는 것도 좋지만 우리는 주님을 바라보아야 한다. 거센 풍랑이 이는 바다에서 풍랑을 바라보면 빠져버리지만 예수를 바라보면 살 수 있다.

시인은 바라봄의 대상을 잘못 정해서 실족할 뻔하였다고 고백한다. 악인의 형통함을 바라보고 오만한

---

6   히브리어 의미로 바라봄이란 직선을 긋는 행위를 뜻한다(티크바—소망, 하나님을 향하여 직선 긋기).

자를 질시하면 넘어질 수밖에 없다. 십자가에 달리신 예수를 바라보자. 부귀와 영화 같은 장차 없어질 것이 아닌 영원히 우리 곁에 머무는 생명의 주님 예수를 바라보아야 한다. 이것만이 우리의 살 길이다.

> 하나님의 성소에 들어갈 때에야 그들의 종말을 내가 깨달았나이다(17절)

하나님의 성소를 성전, 장막이라고도 부른다. 여호와의 장막은 영어로 'tabernacle'이며 주님을 만나는 곳이기에 '미슈칸'(주님이 머무시는 곳, 주님이 임재하시는 곳)이다. '오헬'은 장막이며 텐트를 의미한다. 이 단어에 '모에드'(방향, 정해진 날)를 연결해 정해진 날에 하나님께서 허락해 주셔야만 나아갈 수 있는 장소가 되는 것이다. 힘들고 어려울 때 언제든지 성전에 나와 기도할 수 있는 은혜는 예수 그리스도의 십자가 희생 때문에 가능한 것이다. 하나님의 성전을 사랑하자. 그러할 때 하나님께서 하늘에서 들으시고 우리의 기도에 응답하신다.

성소는 거룩한 곳으로 히브리어로 '미크다쉬'(거룩한 장소)라고 한다. 헬라어로 교회는 '에클레시아'(부르심을 받은 공동체)이다. 이런 개념들을 정리해 보면 성소는 주님이 머무시는 곳, 정해진 시간, 정해진 장소이다.

　　죄로 인한 사망선고로 비참함 가운데 살던 사람들을 불러내어 하나님의 자녀로 삼으신 것은 얼마나 놀라운 일인가? 주님을 만나기 위해 하나님의 성소에 들어갈 때마다 이러한 감동이 밀려오기를 기도한다.

우리는 누구인가

이 성소에서 우리가 누구인지 질문해야 한다.

> 내가 어찌하면 이를 알까하여 생각한즉 심히 곤란하더니 ⋯⋯ 내 마음이 산란하며 내 심장이 찔렸나이다 내가 이같이 우매 무지하니 주의 앞에 짐승이오나 (16, 21, 22절)

　　우리는 주님 앞에서 아무것도 아니다("버려지 같은 너 야곱아", 사 41:14). 하나님 앞에서 우리 자신을 돌아보며 주님의 뜻을 알기 위해 육체와 마음이 쇠잔할 때 하나님은 은총을 베풀어주신다.

> 주의 교훈으로 나를 인도하시고 후에는 영광으로 나를 영접하시리니 (시 73:24)

하나님의 성전을 향해 나아오는 사람들에게 '슈키나'의
은총, 즉 주님과 함께하는 거하는 은혜가 임한다.
하나님과의 정해진 약속의 거룩한 장소로 들어가는
죄인들을 영광으로 영접해 주신다.

성소에서 기억하기

나는 빌려 받았다. 하나님과 동행한다. 모든 것이
하나님의 은혜다. 주님의 장막에 머물리라. 주님 앞에서
거룩하게 살리라.

'심장'이란 단어가 다섯 번 반복된다. 심장, 심령, 마음을
뜻하는 히브리어 '레밥'(לֵבָב)은 심장을 뜻하는 '렙'에 자음
'베트'가 붙어 뜻을 더 강조한다. 이 단어에 '바르'라는
단어를 첨가하면 심장이 아주 맑고 순수한 상태를 뜻한다.
심장에 맑은 피가 흐르지 않으면 죽듯이 심장이 아주 맑은
샘('pure in heart', 심령이 가난한 자, 마 5:8)이 되어야 사는 것이다.
시편 19편 14절에서 '내 마음의 묵상이'(הֶגְיוֹן לִבִּי 헤기온
리비)라는 표현은 묵상은 머리가 아니라 가슴으로 한다는
뜻이다. 신명기 6장 5절에도 '너의 하나님 여호와를 너의 온
심장을 다하여 사랑하라'고 되어 있다. 예수님을 입술로만
사랑할 수 있을까? 심장이 터지도록 주님을 사랑해야 하지
않을까?

예수님께서는 심령이 가난한 자는 복이 있다(마 5:3)고
말씀하셨다. 다윗은 '정결한 마음을 내 안에 재창조'해
달라고 기도했다(לֵב טָהוֹר בְּרָא־לִי 렙 타호르 브라 리, 시 51:12). 내가
씻어 봐야 소용이 없기에 주께서 내 마음을 다시 창조하실
때에만 다시 살 수 있다는 고백이 담겨 있다.

주여, 우리의 마음을 새롭게 만들어 주소서!

쭈르 레바비(צוּר־לְבָבִי 내 마음의 반석, 26절)

내 마음에 힘을 부어 주시는 분은 하나님이시다.
'전능하사 천지를 지으신 하나님 아버지를 내가 믿사오며.'
사도신경을 라틴어로 '크레도'(credo)라 하는데 이 단어는
헬라어 '카르디아'(심장)에서 나왔다. 신앙 고백은 입술의
고백이 아니라 심장의 고백이어야 한다. 이것은 생명의
고백이기도 하다.

마스키옷 레바브(מַשְׂכִּיּוֹת לֵבָב 병든 마음, 7절)

마스키옷 레바브는 '마음 없는 사람'을 뜻한다. '딱딱한
마음', '차가운 마음'으로도 이해할 수 있다. 마음 없는
말들이 넘쳐난다. 마음이 머리에서 나오나 가슴에서

나오는가를 분간할 수 있어야 한다. 지혜서 잠언에서는
어리석은 자를 '하싸르 렙'(חֲסַר־לֵב 심장이 없는 사람, 잠 9:4)으로
표현한다. '마스킷'은 우상을 만들듯이 조각한 형상으로
이것이 마음과 연관되면 마음에서 조각되어 나오는
이미지라는 뜻이 된다.

　마음이 깨끗하지 않으면 왜곡된 형상이 조각되어
나온다는 것이다. 보통은 이것을 잘 구분해 낼 수 없다.
이런 것은 영성이 깊은 사람들만이 식별해 낼 수 있기에
마음에서 나오는 조작된 이미지를 경계해야만 한다.
그리스도인들은 하나님께서 마음을 재창조하시도록
기도해야 한다.

　　고통(חַרְצֻבּוֹת 하르쭈봇, 4절)

　하르쭈봇은 묶인 족쇄를 뜻한다. 묶여 있는 것 그
자체가 고통이다. 이것이 건강이라는 단어와 병행을
이루고 있다. 건강이란 무엇일까? 고통이 없는 게 건강이다.
자유롭게 걸어다닐 수 있음에 감사하자.

동생의 죽음
　목회자의 길을 걷도록 초청을 받은 것은 동생의

죽음이었다. "형, 나 대신 목사의 길 걸어가 줄래?" 1983년
그렇게 동생은 떠났고 형은 1985년 광나루 선지 동산에
들어갔다. 그 후 사명의 길을 더 깊이, 넓게 경험하기 위해
예루살렘을 향해 나아갔다. 유대 광야 10년, 영국 광야 17년
후 고국에 돌아온 지 15년이 지났다. 어린 시절 어머니의
무릎에서 신앙을 배웠던 주의 평화와 영광이 넘치는
평광교회에서 담임 목회자로 일한 지 13년이 지나간다.
그때 그 마음 여전한지 계속 질문하며 엎드리고 있다.

주님 사랑합니다.

억울[7]할 때 부르는 노래

하나님이여 대적이 언제까지 비방하겠으며
원수가 주의 이름을 영원히 능욕하리이까

74편의 제목은 '아삽의 시 마스길'(지혜)이다. 하나님께
버림받은 상황에서 탄식하며 하나님의 구원을 청하는 시를
왜 지혜시라 부르는가? 어려울 때 지혜를 어디서 발견할까?
하나님께서 나를 던져버리고 영원히 일으켜 주시지 않을 것
같을 때 지은 시가 시편 74편이다. 에스겔 34장은 아삽의
시를 이해하는 데 도움을 준다.

---

7   단어 유희를 해보면 '억울'이란 억장이 무너져 울고 싶은 마음의 상태를 뜻한다.
     혹은 억한 감정에 복받쳐 울음을 터뜨리는 모습이다.

주 여호와께서 이같이 말씀하셨느니라 나 곧 내가 내 양을 찾고 찾되 목자가 양 가운데에 있는 날에 양이 흩어졌으면 그 떼를 찾는 것 같이 내가 내 양을 찾아서 흐리고 캄캄한 날에 그 흩어진 모든 곳에서 그것들을 건져낼지라 내가 그것들을 만민 가운데에서 끌어내며 여러 백성 가운데에서 모아 그 본토로 데리고 가서 이스라엘 산 위에와 시냇가에와 그 땅 모든 거주지에서 먹이되 좋은 꼴을 먹이고 그 우리를 이스라엘 높은 산에 두리니 그것들이 그 곳에 있는 좋은 우리에 누워 있으며 이스라엘 산에서 살진 꼴을 먹으리라 내가 친히 내 양의 목자가 되어 그것들을 누워 있게 할지라 주 여호와의 말씀이니라(11-15절)

내가 한 목자를 그들 위에 세워 먹이게 하리니 그는 내 종 다윗이라 그가 그들을 먹이고 그들의 목자가 될지라 여호와는 그들의 하나님이 되고 내 종 다윗은 그들 중에 왕이 되리라 나 여호와의 말이니라 내가 또 그들과 화평의 언약을 맺고 악한 짐승을 그 땅에서 그치게 하리니 그들이 빈들에 평안히 거하며 수풀 가운데에서 잘지라 내가 그들에게 복을 내리고 내 산 사방에 복을 내리며 때를 따라 소낙비를 내리되 복된 소낙비를 내리리라 그리한즉 밭에 나무가 열매를 맺으며 땅이 그 소산을 내리니 그들이 그 땅에서 평안할지라 내가 그들의 멍에의

나무를 꺾고 그들을 종으로 삼은 자의 손에서 그들을 건져낸 후에 내가 여호와인 줄을 그들이 알겠고 그들이 다시는 이방의 노략 거리가 되지 아니하며 땅의 짐승들에게 잡아먹히지도 아니하고 평안히 거주하리니 놀랠 사람이 없으리라 내가 그들을 위하여 파종할 좋은 땅을 일으키리니 그들이 다시는 그 땅에서 기근으로 멸망하지 아니할지며 다시는 여러 나라의 수치를 받지 아니할지라(23-29절)

버려두지 마소서

이런 맥락에서 아삽은 '주님의 초장의 양을 버려두지 마시라'고 읍소한다.

내 하나님이여 내 하나님이여 어찌 나를 버리셨나이까 어찌 나를 멀리 하여 돕지 아니하시오며 내 신음 소리를 듣지 아니하시나이까(시 22:1)

제 구시쯤에 예수께서 크게 소리 질러 이르시되 엘리 엘리 라마 사박다니 하시니 이는 곧 나의 하나님, 나의 하나님, 어찌하여 나를 버리셨나이까 하는 뜻이라(마 26:46)

반복적인 표현을 살펴보자.

어찌하여, 왜(לָמָה 라마, 1, 11절)[8]

언제까지(עַד-מָתַי 아드 마타이, 10절)

기억하소서(זְכֹר 즈코르, 2, 18, 22절―2절은 '생각하소서'로 번역)

같은 의미의 다른 표현도 나온다

잊지 마소서(אַל-תִּשְׁכַּח 알 티슈카흐, 19, 23절)

눈여겨 보소서(הַבֵּט 하벹, 20절)

성전이 무너진 절망적 상황에서 시인은 고난받는
자녀들이 누구인지를 하나님께 상기시켜 드린다.

주의 초장의 양(צֹאן מַרְעִיתֶךָ 쫀 마르이테카, 1절 하)

하나님은 예로부터 나의 왕이라 사람에게 구원을
베푸셨나이다(12절)

---

8   우리 예수님도 갈보리 십자가 언덕 위에서 성부 하나님을 향해 "라마"를 외치셨다.

우리는 하나님의 자녀다. 대한민국에서 살지만 이 나라는 영원한 나라가 아니다. 죽으면 끝나는 나라일 따름이다. 이 나라는 잠깐 입는 옷에 불과하고 앞으로 살게 될 곳은 하나님의 나라, 주님이 다스리시는 천국이 우리가 살 본향이다.

주님이 목자시며 그 주님을 보낸 분이 하나님 아버지시며 왕이시다. 나는 그 하나님을 왕으로 섬기는 주님의 백성이라는 신앙고백을 갖고 살아가면 왕께서 우리의 일거수일투족, 일터, 자녀들까지도 돌보아 주실 것이라는 믿음이 시에서 발견된다.

증인 공동체

증인 공동체('에다' Witness Community)는 하나님의 구원하심을 경험한다. 기도하면 하나님께서 응답하시고 살아 계심을 체험할 수 있다. 전능하사 천지를 만드신 하나님 아버지를 내가 믿사오며 그의 아들 예수 그리스도를 믿고, 보혜사 성령을 믿고 있는 심장의 고백이 있는 '에다'(증인) 공동체가 우리가 속한 주님의 교회인 것이다.

속량하신 주의 기업의 지파(נַאֲלֻתָ שֵׁבֵט נַחֲלֻתֶךָ 가알타 쉐벳 나할라테카, 2절)

'쉐벳'(2절)은 '막대기'로 번역되나 '지파'라는 뜻도 있다.
막대기는 용도가 여러 가지다. 적과 싸울 때, 의지할 때.
우리는 어떤 막대기인가? 주님의 도구로 사용되는 막대기
아닐까? 하나님, 우리를 주의 막대기로 사용하소서.

주님의 기업(나할라테카, 2절)

기업을 뜻하는 세 가지 히브리어 명사가 있다.
'나할라', '아후자', '예루샤'다. '나할라'는 잘 경영하라는
뜻이다. '아후자'는 하나님이 주신 선물을 붙드는 것이고,
'예루샤'는 하나님의 자녀로서 받는 유산, 권리이다.
우리는 하나님 나라를 유산으로 상속받았다. 예수님의
이름으로 하나님 나라와 의를 위하여 구할 때 허락하시는
나라를 꼭 붙잡고 잘 활용하자.

옛적에 값으로 사신 주의 회중(קָדֶם קָנִיתָ עֲדָתְךָ 아다트카 카니타 케뎀, 2절)

'카니타 케뎀'은 '값을 주고 사시지 않으셨습니까?'라는
뜻이다. 속량되었다로 번역할 수도 있는데 저절로 하나님의
자녀가 된 것이 아니다. 하나님께서 친히 독생자의 값을

치르고 사신 것이기에 더욱 귀한 것이다. 예수의 피 묻은 십자가를 아삽이 예언하는 것이 정말 신기하다.

그분의 희생으로

본문은 메시아 시편이다. 죄는 우리가 짓고 벌은 예수님이 받으신 사건은 기독교밖에 없다.[9] 주님께서 갈보리 언덕에서 십자가를 지고 지불하신 속량금으로 하나님의 자녀가 되었다. 예수님의 희생 때문에 하나님과 우리 사이를 가로막았던 성소와 지성소의 휘장이 둘로 갈라졌고 비로소 은혜의 보좌 앞으로, 하나님께로 담대히 나아갈 수 있게 된 것이다.

"주님, 저희들을 살려주십시오. 주님 초장의 양이 저희들 아닌가요? 값으로 사신 저희를 구원하소서. 우리는 주님의 초장의 양입니다. 우리를 돌봐주소서." 이렇게 기도드리면 "물론이지 나는 선한 목자다"라고 말씀하시며 주님께서 우리를 돌보아 주실 것이다.

주님이 계시던 시온 산(הַר־צִיּוֹן זֶה שָׁכַנְתָּ בּוֹ 하르 찌온 제 샤칸타 보. 2절)

---

9 존 스토트, "그리스도의 독특성과 마침표"(Uniqueness of Christ and Finality of Christ), 《제자도: 변함없는 8가지 핵심 자질》(The Radical Disciple).

'하르 찌온'은 하나님께서 거하시는 시온 산을 뜻한다. 주님은 우리의 고통을 잘 알고 계신다. 시온 산에 올라 주님께 모든 사정을 진솔하게 다 말씀드려야 한다.

> 예루살렘이여 내가 너의 성벽 위에 파수꾼을 세우고 그들로 하여금 주야로 계속 잠잠하지 않게 하였느니라 너희 여호와로 기억하시게 하는 자들아 너희는 쉬지 말며 또 여호와께서 예루살렘을 세워 세상에서 찬송을 받게 하시기까지 그로 쉬지 못하시게 하라(사 62:6-7)

시인은 현재 상황을 구체적으로 말씀드린다. '영구히 파멸되게 하실 건가요?' '원수가 성소에서 모든 악을 행하여도 가만히 계시겠습니까?' '주의 원수가 주의 회중 가운데서 떠들며 자기들의 깃발을 세웠는데도요?'

> 도끼와 철퇴로 성소의 모든 조각품을 쳐서 부수고 주의 성소를 불사르며 주의 이름이 계신 곳을 더럽혀 땅에 엎었나이다 ······ 하나님의 모든 회당을 불살랐나이다(6-8절)

'표적이 없고 선지자도 없고 얼마나 오랠는지 아는 자 없나이다'라며 회복의 때를 여쭈어본다.

— 언제까지 (아드 마타이)

하나님이여 대적이 언제까지 비방하겠으며 원수가 주의
이름을 영원히 능욕하리이까 (10절)

— 어찌하여 (라마)

주께서 어찌하여 주의 손 곧 주의 오른손을 거두시나이까 주의
품에서 손을 빼내시어 그들을 멸하소서 (11절)

절망 가운데서 구원의 하나님을 인정하고 찬양한다.

옛적부터 구원의 하나님이시여 하나님은 예로부터 나의
왕이시라 사람에게 구원을 베푸셨나이다 주께서 주의
능력으로 바다를 나누시고 물 가운데 용들의 머리를
깨뜨리셨으며 리워야단의 머리를 부수시고 그것을 사막에
사는 자에게 음식물로 주셨으며 주께서 바위를 쪼개어 큰 물을
내시며 주께서 늘 흐르는 강들을 마르게 하셨나이다 (12-15절)

주님의 주권을 받아들인다.

낮도 주의 것이요 밤도 주의 것이라 주께서 빛과 해를
마련하셨으며 주께서 땅의 경계를 정하시며 주께서 여름과
겨울을 만드셨나이다(16-17절)

시인은 세 가지 동사를 사용해서 하나님의 빠른 개입을
간구한다.

—눈여겨 보소서('하벳')

여호와여 이것을 기억하소서 원수가 주를 비방하며 우매한
백성이 주의 이름을 능욕하였나이다 주의 멧비둘기의 생명을
들짐승에게 주지 마시며 주의 가난한 자의 목숨을 영원히 잊지
마소서 그 언약을 눈여겨보소서 무릇 땅의 어두운 곳에 포악한
자의 처소가 가득하나이다(18-20절)

— 기억하소서('즈코르')

학대 받은 자가 부끄러이 돌아가게 하지 마시고 가난한 자와
궁핍한 자가 주의 이름을 찬송하게 하소서 하나님이여 일어나
주의 원통함을 푸시고 우매한 자가 종일 주를 비방하는 것을
기억하소서(21-22절)

—잊지 마소서('알 티슈카흐')

주의 대적들의 소리를 잊지 마소서 일어나 주께 항거하는 자의
떠드는 소리가 항상 주께 상달되나이다(23절)

이스라엘 유학 시절, 버림받은 줄 알았다. 잊혀져
영원히 돌아가지 못할 줄 알았다. 돌이켜 보니 주님은
버리지 않으셨다. 아니 버리실 수 없으셨다. 잊기는커녕 늘
곁에 계셨다. 못 느꼈을 뿐 주님이 바로 거기에 함께 계셨다.
고국에 돌아온 지금 과거의 불충을 깊이 뉘우치며 살고
있다. 주님, 죄송합니다.

낮추시고 높이시는
하나님

오직 재판장이신 하나님이 이를 낮추시고
저를 높이시느니라

시편에는 여러 장르가 존재한다. 왕의 대관식,
마스길(지혜의 시, 형통케 하소서), 쉬르(노래), 미즈모르(정제된 노래),
에벤 슈샨님(백합화를 들고 하나님을 찬양하는 노래), 알다스헷(나를
멸하지 마소서) 기도시. 시편 75편은 아삽의 시 인도자를 따라
알다스헷에 맞춘 노래이다.

멸하지 마소서

히브리어 '알다스헷'은 무엇을 하지 말아 달라는 '알'에
'다스헷'을 붙여 '멸하지 말아 달라'는 뜻이다. 시인의

상황이 어떠하기에 이런 기도를 드리는 것일까? 코로나로 수백만 명 이상이 유명을 달리했다. 불치병에 걸릴 수도 있고 경제적 폭풍을 만나 실직자가 될 수도 있는, 넘어질 일들이 쌓여 있을 때 드리는 기도가 '알다스헷'이다.

알다스헷(אַל־תַּשְׁחֵת '알 타슈헤트') 시편은 총 네 편이다(57, 58, 59, 75편). 57편은 '다윗의 믹담 시, 영장으로 알다스헷에 맞춘 노래, 다윗이 사울을 피하여 굴에 있던 때'이다. 적장 골리앗을 죽여 영웅이 된 다윗을 사울 왕이 시기심에 불타 죽이려고 시도할 때 그는 마음이 상한 자들과 함께 동굴에 거주하며 '알다스헷' 기도를 드렸다.

> 하나님이여 내게 은혜를 베푸소서 내게 은혜를 베푸소서 내 영혼이 주께로 피하되 주의 날개 그늘 아래에서 이 재앙들이 지나기까지 피하리로다(시 57:1)

58편은 '다윗의 믹담 시, 영장으로 알다스헷에 맞춘 노래'이다. 다윗은 대적들이 힘들게 할 때 대응하지 않고 하나님께 호소함으로 구원을 경험하였다.

> 그 때에 사람의 말이 진실로 의인에게 갚음이 있고 진실로 땅에서 심판하시는 하나님이 계시다 하리로다(시 58:11)

59편은 '다윗의 믹담 시, 영장으로 알다스헷에 맞춘
노래'이다.

나는 주의 힘을 노래하며 아침에 주의 인자하심을
높이 부르오리니 주는 나의 요새이시며 나의 환난 날에
피난처심이니이다 나의 힘이시여 내가 주께 찬송하오리니
하나님은 나의 요새이시며 나를 긍휼히 여기시는
하나님이심이니이다(시 59:16, 17)

사람이 죽고 사는 것은 하나님께 달려 있다. 상황이
아무리 힘들어도 하나님께 힘을 달라고 기도하는 것이
알다스헷 시의 주제이다. 다윗이 이렇게 알다스헷을
노래했다면 아삽은 어떻게 이 노래를 불렀나?

오직 재판장이신 하나님이 이를 낮추시고 저를
높이시느니라(7절)

높이고 낮추는 분은 오직 재판장인 하나님이시라고
고백한다.

하나님이여 우리가 주께 감사하고 감사함은 주의 이름이

가까움이라 사람들이 주의 기이한 일들을 전파하나이다(1절)

주님을 사랑하고 예배드리는 것이 즐거운 사람들은
복을 이미 받았다는 증거를 가졌다. 예배를 사모해야
하나님께 복을 받는다. 하나님께서는 예배자를 기억하신다.
이것이 알다스헷 노래의 또 다른 주제이다.

어려움이 있을 때 기억해야 할 것은 환난이 주님의
그늘로 변할 수 있다는 사실이다. 환난 중에 하나님께
도움을 청하면 하나님은 우리를 사랑하시기 때문에
응답하신다.

창세기 6장 11절을 보면, 노아 시대 때 '티샤헷
아레츠'(תִּשָּׁחֵת הָאָרֶץ '땅이 부패하여')란 표현이 나온다. '타슈헷'은
능동형, '티샤헷'은 수동형이다. '샤헷'은 '멸하다'는
의미인데 '티샤헷'은 수동형으로 '부패하였다'는 뜻이다.

소돔과 고모라는 망했다. 롯의 부인은 소금 기둥이
되었고 롯은 자기 두 딸과 불미스러운 관계를 맺고 모압과
암몬을 낳았다. 롯은 즉시 아브라함에게로 돌아가야 했지만
'작은 곳'이란 뜻의 소알 성에 계속 머무르다 수치스러운
열매를 맺게 된다. 이처럼 땅과 사람이 부패하면 하나님은
심판을 내리신다. 부패하면 죽는 것이 자연의 법칙이듯이
지구촌이 하나님 보시기에 부패하면 하나님은 심판으로

갈아엎으신다는 것을 명심해야 한다.

주님이 싫어하시는 것

예수님께서 말씀하셨다. '마음에서 나오는 생각이
우리를 부패하게 한다.' 주님은 음란한 생각, 근심, 걱정,
불신을 싫어하신다. 이때 알다스헷 기도를 드리면서 회복을
간구해야 한다.

호디누 레카 엘로힘(הוֹדִינוּ לְךָ אֱלֹהִים)

'호디누'는 우리가 감사드린다는 뜻이다. 감사는 던지는
것을 의미한다. 하나님께 감사의 꽃을 던지자. 예수님과
손을 잡고 사랑의 언어를 주님을 향해 사용하는 것이
최상의 감사이다.

비록 우리가 사망의 음침한 골짜기로 다닐지라도 해를
두려워하지 않으리라는 이 다윗의 고백이 오늘 우리의
신앙고백이길 바란다. 광야 인생길에서 마음 상하고
좌절되는 일이 많더라도 신실하신 주님을 바라보며
알다스헷 기도를 드리면 고난이 변장된 축복이었음을
깨닫는 은혜가 임할 것이다. 기억하자! 신명기 8장 15-
16절의 말씀을.

너를 인도하여 그 광대하고 위험한 광야 곧 불뱀과 전갈이
있고 물이 없는 간조한 땅을 지나게 하셨으며 또 너를 위하여
단단한 반석에서 물을 내셨으며 네 조상들도 알지 못하던
만나를 광야에서 네게 먹이셨나니 이는 다 너를 낮추시며 너를
시험하사 마침내 네게 복을 주려 하심이었느니라

코로나에 걸려 일주일간 격리된 적이 있었다. 가장
괴로웠던 것은 주의 전에서 예배자로 참여할 수 없었다는
사실이었다. 주께서 다시 자유를 주신 지금 성전에 나올 수
있는 감격함으로 하나님께 더욱 겸허히 엎드리고 있다.

주여! 크신 은총에 감격하며 남은 생애 더욱 충성하게
순명, 순복하겠나이다. 이 죄인 괴수에게 또 한 번의 은총을
베풀어주셔서 감사합니다.

전쟁을 없이하시다

거기에서 그가 화살과 방패와 칼과
전쟁을 없이하셨도다 (셀라)

하나님께 드리는 노래

인도자를 따라 현악에 맞춘 노래로 '알다스헷' 시가
끝난 다음, 악기들을 동원해서 하나님께 정제된 시로 드리는
노래가 이어진다. 시에 대한 두 가지 표현 '미즈모르'(정제된
언어로 쓰인 노래)와 '쉬르'(시로 써서 부르는 노래)가 있다. 하나님에
대한 사랑의 고백을 시로 쓴 다음 노랫말로 힘껏 부르는
것이다. 영원한 승리를 위한 찬양 노래가 되고 효과를
극대화하기 위해 현악기를 동원하는 아름다움이 본 시편에
담겨 있다.

유다에 알려지신 하나님(נוֹדָע בִּיהוּדָה אֱלֹהִים 노다 비후다 엘로힘)

하나님을 알 수 있는 유일한 방법은 하나님이 스스로를
계시하실 때만 가능하다. 하나님을 만난 욥은 이렇게
고백했다.

보소서 나는 비천하오니 무엇이라 주께 대답하리이까 손으로
내 입을 가릴 뿐이로소이다(욥 40:4)

이사야도 동일한 고백을 하였다.

화로다 나여 망하게 되었도다 나는 입술이 부정한 사람이요
나는 입술이 부정한 백성 중에 거주하면서 만군의 여호와이신
왕을 뵈었음이로다(사 6:5)

이스라엘[10]에게 그의 이름이 알려졌도다(בְּיִשְׂרָאֵל גָּדוֹל שְׁמוֹ
베이쓰라엘 가돌 슈모)

10　'이스라엘'의 히브리어 뜻은 '주님이 다스리신다', '주님을 섬긴다'이다. 이
　　단어에는 결과도 들어 있다―영광 가운데 비상하리라.

하나님은 친히 능력을 보여주심으로써 성호를
나타내셨다. 자신의 영광을 모세에게 보여주신 것이다.

여호와께서 이르시되 내가 내 모든 선한 것을 네 앞으로
지나가게 하고 여호와의 이름을 네 앞에 선포하리라 나는
은혜 베풀 자에게 은혜를 베풀고 긍휼히 여길 자에게 긍휼을
베푸느니라 또 이르시되 네가 내 얼굴을 보지 못하리니 나를
보고 살 자가 없음이니라 여호와께서 또 이르시기를 보라
내 곁에 한 장소가 있으니 너는 그 반석 위에 서라 내 영광이
지나갈 때에 내가 너를 반석 틈에 두고 내가 지나도록 내
손으로 너를 덮었다가 손을 거두리니 네가 내 등을 볼 것이요
얼굴은 보지 못하리라 (출 33:19-23)

주님이 머무시는 곳에는 평화가 깃든다.

그의 장막은 살렘에 있도다 (וַיְהִי בְשָׁלֵם סֻכּוֹ 바예히 베샬렘 쑤코)

예수께서 친히 그들 가운데 서서 이르시되 너희에게 평강이
있을지어다 (눅 24:36)

하나님이 머무시는 곳은 시온으로, 하나님이

감찰하신다는 뜻을 갖는다.

시온에 그의 처소가 있도다(וּמְעוֹנָתוֹ בְצִיּוֹן 우메오나토 베찌온)

네 하나님 여호와께서 돌보아 주시는 땅이라 연초부터 연말까지
네 하나님 여호와의 눈이 항상 그 위에 있느니라(신 11:12)

영적 전쟁이든 물리적 전쟁이든 간에 전쟁의 승패는
여호와께 달려 있다.

그가 열방 사이에 판단하시며 많은 백성을 판결하시리니
무리가 그들의 칼을 쳐서 보습을 만들고 그들의 창을 쳐서
낫을 만들 것이며 이 나라와 저 나라가 다시는 칼을 들고 서로
치지 아니하며 다시는 전쟁을 연습하지 아니하리라(사 2:4)

랍비 이사야 마타라니는 '셀라'(סֶלָה)를 이렇게
해석했다. '맞다, 그거야!' 오늘날 의미로 '아멘'이다. 짧은
인생을 살아보니 주님이 말씀하신 대로였음을 새록새록
느끼고 있다. 혹 100세가 되었을 때도 '맞아, 그렇지, 우리
주님이셨어!' 이런 셀라 인생이 되기를 손 모아 기도드린다.

43

아브라함이 나이가 많아 늙었고 여호와께서 그에게 범사에

복을 주셨더라(창 24:1)

환난당할 때
노래를

내가 내 음성으로 하나님께 부르짖으리니
내 음성으로 하나님께 부르짖으면 내게 귀를 기울이시리로다

아삽의 시. 인도자를 따라 여두둔의 법칙에 따라 부르는
노래. 아삽의 시는 50편, 그리고 73편부터 83편까지 나온다.
언급한 대로 아삽은 '모은다'는 뜻이다. 무엇을 모으고
무엇을 버릴까를 아삽의 시들을 통해 배워보자.

여두둔의 법칙을 가진 시는 39편, 62편, 77편이다. 세
시편의 공통점은 환난당할 때 기도를 노래로 부른다는 뜻을
가지고 있다. 하나님은 우리가 직접 기도의 노래를 부르는
것을 기뻐하신다.

세 권의 책

시편에 관한 명저들이 많이 있지만 여기서는 간략히 단 세 권의 책만을 추천하고 싶다.

첫째, 청포 박창환 전집 중《시편 강해》이다. 이 책은 시편 77편에 대해 '막다른 골목에서도 하나님을 향하여'라는 제목을 썼다. '이 세상을 살면서 고통과 고민을 모르고 사는 사람들이 있을까? 하나님을 믿는 사람들은 어떠한가? 그들의 삶은 평탄하기만 한가?' 시인은 고통 가운데서 번민의 극점을 오가면서 울부짖고 있다. 그는 하나님을 생각하며 심각한 고민에 빠졌다. '하나님께서 왜 나를 돌보시지 않는가? 하나님께서 나를 버리셨다면 이제 의지할 곳이 어디 있으며 그 이상 큰 절망이 어디 있겠는가?'

시인은 다시 조용히 자신을 가다듬고 과거를 회상한다. '하나님께서는 어떤 일을 행해 오셨는가?' 역사 속에서 하나님께서 보이신 놀라운 일들을 음미하기 시작한다. 아브라함 때부터의 관심과 역사와 신기한 인도를, 삼라만상의 됨됨이가 하나님의 손안에서 이루어지는 것을 보면서 하나님만이 자기의 운명을 책임져줄 수 있다는 결론에 다다른다. 그래서 다시 막다른 골목에서 하나님께 소리 높여 부르짖는다. '이 소리를 듣고 하나님 귀 기울여

주십시오'라는 탄원 시를 올려드린다. 이 시는 탄원 혹은
안식의 시다. 우리의 고난은 하나님께 책임이 있는 것이
아니다. 우리가 잘못하여 생긴 일이거나 사회를 구성하는
다른 인간들의 악에서 유래하는 것이다. 따라서 전능자
하나님께 힘들어도 돌아와 하소연해야 한다.

둘째, '스타인잘츠.' 스타인잘츠는 히브리대학을
졸업한 랍비로 탈무드 전권을 영어로 번역하였다.
고난이 나를 짓누르고 있을 때 어떻게 할까? 그때는
마음의 컴퓨터를 켜서 담겨 있는 많은 파일을 찾으라고
권면한다. 하나님이 내게 무슨 일을 하셨는지를 찾다 보면
희망(티크바)이 솟아오름을 느낄 것이다. 현재의 고난에도
불구하고 하나님께서 하신 일들을 생각하니 희망이
샘솟는다. 어려움이 나를 짓누를 때 기억해야 할 것은
하나님 앞에서 나의 심령을 토로하는 것이다.

셋째, 《시편을 마주 대하라》(Encountering the book of psalms).
시편을 이해하기 쉽게 잘 정돈했다. 우리말로 번역도 되어
있다. 시편을 여러 각도에서 정리할 수 있다.

고난은 거름이다

시편에는 다윗뿐 아니라 고라, 아삽, 헤만, 에단이
나온다. 에스라, 느헤미야에 의하면 성전에서 노래하는

사람들을 아삽의 자손이라고 불렀다. 시편 두 번째 묶음은 고라 자손의 시이다. 고라 자손은 하나님께 벌 받은 조상을 둔 후손들이었다. 따라서 고라 자손은 이스라엘 사람들이 좋아하는 이름이 아니었다. 예를 들어 카페 이름이 가인이라면 선뜻 그 안으로 들어갈까? 그런데 이러한 고라 자손들이 시편 150편 안에 주옥같은 시들을 남겼다는 것이다. '사슴이 시냇물을 찾아 갈급함같이 내 영혼이 주를 찾아 헐떡이나이다.'

조상 탓하고 남 탓하며, 개천에서 용 나올 수 없으니 가재나 붕어로 살라고 빈정대는 세상 속에서 고라 자손들처럼 위대한 시를 써 나가라는 격려인 것이다. 고난이나 실패는 위대한 작품을 낳는 거름이다. 우리에겐 영원한 하나님이란 현재만 존재한다.

에녹(חֲנוֹךְ 히브리어 '하녹')이라는 이름을 좋아한다. 첫 번째 에녹은 동생 아벨을 죽인 가인의 자손이었다. 하지만 두 번째 에녹은 하나님과 동행하여 죽음을 경험하지 않았다. 노아의 아버지 라멕도 마찬가지다. 첫 번째 라멕은 아다와 실라 두 사람과 결혼함으로 일부다처제의 문을 열었을 뿐 아니라 칼을 만들며 살인까지 저지르던 포악한 자였다. 하지만 두 번째 라멕은 그 시대의 위로자인 노아(נֹחַ 히브리어 '노아흐')를 낳은 위대한 아버지였다.

우리에겐 후반전이 준비되어 있다. 실패를 토양의 거름으로 삼자. 물려받은 재산이 없어도 하나님이 계신다. 한국의 가장 큰 자원은 신앙이다. 후배가 포항에서 개척 교회를 할 때 그의 스승 목사님이 권면하셨다. '개척은 빈손이다. 개척은 눈물이다. 개척은 믿음이다. 그것으로 목회해라.' 이것이 힘이다.

여호와로 인하여 기뻐하는 것이 너희의 힘이니라(느 8:10)

기억과
지혜

내가 입을 열어 비유로 말하며
예로부터 감추어졌던 것을 드러내려 하니

기억과 지혜

78편은 '마스길', 지혜의 시다. 지혜시를 이루는 틀은
기억과 기록인데 72절이라는 매우 긴 절로 기억을 토대로
기록되었다. 시편의 형식을 보면 역사에 대한 기억이 그
토대이다.

지혜의 시에서 말하는 지혜는 무엇일까? '우리가
들어서 아는 것과 조상들이 우리에게 전한 바를 듣는 것'이
지혜라는 것이다. 민족의 해법은 의외로 쉬울 수 있다. 먼저
걸어갔던 사람들의 얘기와 기록들을 찾은 후 위기관리를

어떻게 하였는지를 살펴본 후 후세에 전달하는 것이다.

> 우리가 이를 우리들의 자손에게 숨기지 아니하고 여호와의
> 영예와 그 능력과 기이한 사적을 후대에 전하리로다 (4절)

여호와의 영예는 무엇인가?

'테힐롯 아도나이'(תהלות יהוה)이다. 하나님을 찬송할 만한 일들을 뜻한다. 시편을 '테힐림'(남성형으로 '찬송 모음집')이라 부르는데 여기에서는 '테힐롯'(여성형으로 의미는 동일하다)이다.

왜 이런 차이가 있을까? 하나님을 찬송할 만한 일들의 다양함을 강조하려는 것이다. 즉 하나님께서 찬송받으실 만한 일들이 몇 개인가 세어 보라고 권면한다. 이것이 지혜라는 점을 강조한다. 얼마나 하나님께 감사한 일들이 많은지!

에주조(עזוזו 주님의 능력)

히브리어로 '오즈'는 힘을 뜻하며 이 단어의 변형형 명사는 '에주즈'로 동일한 의미이다. 이 단어와 유사한 단어가 있다(보아즈―'보', 그 안에 / '아즈', 힘).

하나님은 힘 자체이시며 자신을 바라보는 자에게 새

힘을 주신다. 엘리야의 경우, 여호와의 힘이 그를 붙잡자 아합 왕의 마차와 달리기를 하는 놀라운 일이 일어난다. 느헤미야는 여호와를 기뻐하는 것이 우리의 힘이라고 말한다(8:10).

'니플라옷타브'(נִפְלְאוֹתֶיךָ)는 '전에 경험하지 못했던 하나님께서 행하신 일들'이다. 하나님께서는 지금까지 경험한 것 외에도 다른 좋은 것도 아울러 준비하신다. 히브리어 원형 '펠레'의 뜻은 사사기에 잘 나타난다. 마노아에게 나타난 천사의 이름이 기묘(פֶּלִאי 펠리)였다.

어찌하여 내 이름을 묻느냐 내 이름은 기묘자라 하니라(삿 13:18)

우리는 그의
양이라

우리는 주의 백성이요 주의 목장의 양이니
우리는 영원히 주께 감사하며 주의 영예를 대대에 전하리이다

삭도를 댄 노래

시편 총 150편 중 일흔세 편을 다윗이 썼고, 열한
편은 아삽, 다섯 편은 고라 자손이 썼다. 헤만과 여두둔,
헤만, 솔로몬, 모세는 각각 한 편씩 썼다. 제79편은 아삽의
시, 노래로 불려지는 시를 의미한다. 원형 '자마르'는
'삭도를 댄다'는 뜻으로 안식년과 관련되어 있다. 삭도를
댄 노랫말이라는 뜻이다. 시인은 수식어 없이 하나님을
부른다.

엘로힘 (אֱלֹהִים)

하나님 안에 모든 것이 담겨 있기 때문에 전능하신
하나님, 영존하시는 하나님, 거룩하신 하나님 등의 표현을
할 필요가 없다는 뜻이다.

바우 고임 (בָּאוּ גוֹיִם)

하나님과 언약을 체결하지 않은 사람들이 주님의
기업에 왔음을 알린다. 왜 왔을까? 열방 사람들이 주님께
경배하러 오면 좋으련만 이들은 성소를 더럽히기 위해서
왔다는 사실을 고하고 있다. 그리고 그 결과가 너무
참혹했음을 시인은 하나님께 상기시켜드린다.

싸무 엣 에루살라임 레이임 (שָׂמוּ אֶת־יְרוּשָׁלַם לְעִיִּים)

'이임'은 '황폐하여 버려진 곳'(devastated, deserted place, 수
8:28 참고. "이에 여호수아가 아이를 불살라 그것으로 영원한 무더기를 만들었더니
오늘까지 황폐하였으며." 아이 성은 황폐하여 버려진 곳을 뜻한다)으로
'예루살렘의 파멸'을 설명한다. 평화의 도시 예루살렘이
무너진 것이다.

황폐화된 예루살렘

시인은 하나님의 심판을 받고 황폐화된 예루살렘의 모습을 자세히 설명한다. 주님의 종들을 하늘의 새들에게 먹이로 주었다. 주님을 섬기는 경건한 자들의 육체를 땅의 짐승들에게 주었다. 그들의 피를 예루살렘 주변에 물처럼 흐르게 하였고 그들에게 매장지가 없었다. 이웃 국가들에게 수치와 조롱의 대상이 되었고 주변 국가들에게 부끄러움이 되었다.

시인은 간구한다. '여호와여 언제까지 노하시겠나이까. 주님의 진노를 하나님을 모르는 이방민족들에게 쏟으소서. 옛적에 지은 죄악들을 기억하지 마소서. 주님의 긍휼하심이 빠르게 우리에게 오게 하소서. 주님의 성호가 가진 영광으로 인하여 우리를 도와주소서. 주님의 종의 피가 흘려진 것에 대한 복수가 나타나게 하소서. 사망당한 자의 자손들을 구원하여 주소서. 주님이시여 우리에게 행한 치욕들을 일곱 배로 그들의 품에 갚아주소서. 그리하시면 우리는 주님의 백성, 주님의 초장의 양이오니 영원토록 감사드리고 대대로 찬송을 부르겠습니다.'

성경에는 하나님께서 목자이시고 우리는 주님이 기르시는 초장의 양이라는 표현이 자주 나온다.

보라 주 여호와께서 장차 강한 자로 임하실 것이요 친히
그의 팔로 다스리실 것이라 보라 상급이 그에게 있고 보응이
그의 앞에 있으며 그는 목자 같이 양 떼를 먹이시며 어린
양을 그 팔로 모아 품에 안으시며 젖먹이는 암컷들을 온순히
인도하시리로다(사 40:10-11)

내 양 곧 내 초장의 양 너희는 사람이요 나는 너희
하나님이라(겔 34:31)

하나님의 초장의 양을 흩어지게 하면 벌을 받는다는
이야기도 나온다.

내 목장의 양 떼를 멸하며 흩어지게 하는 목자에게 화
있으리라(렘 23:1)

부활하신 주님께서 시몬 베드로에게 세 번씩이나
다짐했던 한 말씀이 생각난다.

그들이 조반 먹은 후에 예수께서 시몬 베드로에게 이르시되
요한의 아들 시몬아 네가 이 사람들보다 나를 더 사랑하느냐
하시니 이르되 주님 그러하나이다 내가 주님을 사랑하는 줄

주님께서 아시나이다 이르시되 내 어린 양을 먹이라 하시고 또
두 번째 이르시되 요한의 아들 시몬아 네가 나를 사랑하느냐
하시니 이르되 주님 그러하나이다 내가 주님을 사랑하는 줄
주님께서 아시나이다 이르시되 내 양을 치라 하시고 세 번째
이르시되 요한의 아들 시몬아 네가 나를 사랑하느냐 하시니
주께서 세 번째 네가 나를 사랑하느냐 하시므로 베드로가
근심하여 이르되 주님 모든 것을 아시오매 내가 주님을
사랑하는 줄을 주님께서 아시나이다 예수께서 이르시되 내
양을 먹이라(요 21:15-17)

고등학교 시절 평광교회 1층 벧엘관에서 공부하다가
주님의 음성을 들었다. 요한복음 21장과 동일한 내용으로
대상만 베드로에서 조성욱으로 바뀌었을 뿐. 그때 주님은
자신을 사랑하느냐고 나에게 질문하셨다. 돌이켜 보니
그러한 요구가 얼마나 부담이 되었는지 모른다. 그 후 50년,
희년에 가까운 세월이 흘러 60대 중반을 향해 가는 이때
다시 그 질문 앞에 서 본다.

주님, 정말 사랑합니다. 아주 많이요!

주의 얼굴빛을
비추시면

만군의 하나님 여호와여 우리를 돌이켜 주시고
주의 얼굴의 광채를 우리에게 비추소서 우리가 구원을 얻으리이다

아삽의 시. 인도자를 따라 소산님 에듯에 맞춘 노래.
시편 80편은 하나님께서 눈물 양식을 먹이실 때 부르는
노래다. 인도자를 따라 절망을 딛고 승리를 기원하며
백합화(שׁוֹשַׁנִּים 쇼샨님)를 손에 든 증거의 무리(עֵדוּת 에듯)들이
부르는 노래이다. 이스라엘에는 '키부츠'(집단 농장 공동체.
히브리어 뜻은 '함께 모여 사는 무리')가 250개 있다. 이들은 2,000년
유랑생활 후 약속의 땅에 돌아와서 황무지를 개척하여
오늘의 이스라엘을 만들어 낸 사람들이다. 가장 아름다운
꽃은 폐허 속에서 피어나는 꽃이다. 본 시편은 현재

하나님의 징벌을 받아 아픈 상황이지만 하나님께 돌아와
회개함으로 미래에는 백합화를 흔들며 승리하리라는
소망을 품은 시이다.

위기 가운데 부르는 노래

시편 80편 외에도 45편, 60편, 69편에 '소산님' 시편이
존재하며 모두 위기 가운데서 부르는 노래라는 공통점을
가진다. 구조적 특징은 이렇다.

하나님이여 우리를 돌이키시고 주의 얼굴빛을 비추사 우리가
구원을 얻게 하소서(엘로힘 אֱלֹהִים 하쉬베누 배하에르 파네이카
배니바쉐아, 3절)

만군의 하나님이여 우리를 회복하여 주시고 주의 얼굴의
광채를 비추사 우리가 구원을 얻게 하소서(엘로힘 쓰바웃
אֱלֹהִים צְבָאוֹת 하쉐베누 배하에르 파네이카 배니바쉐아, 7절)

만군의 하나님 여호와여 우리를 돌이켜 주시고 주의 얼굴의
광채를 우리에게 비추소서 우리가 구원을 얻으리이다(아도나이
엘로힘 쓰바웃 יְהוָה אֱלֹהִים צְבָאוֹת 하에르 파네이카 배니바쉐아, 19절)

주님의 얼굴빛을 비추시면 우리가 구원을 얻게 될
것이라는 믿음의 고백이 세 번 반복되면서 이 간청을
받으시는 하나님을 3절은 '엘로힘', 7절은 '엘로힘 쯔바옷',
19절은 '아도나이 엘로힘 쯔바옷'으로 표현하며 변화를
주고 있다. 이 기도는 민수기 6장의 제사장 축복문과
일치한다.

> 여호와는 네게 복을 주시고 너를 지키시기를 원하며 여호와는
> 그의 얼굴을 네게 비추사 은혜 베푸시기를 원하며 여호와는 그
> 얼굴을 네게로 향하여 드사 평강 주시기를 원하노라(민 6:24-26)

하나님에 대한 다양한 표현이 나온다.

이스라엘의 목자여(רֹעֵה יִשְׂרָאֵל 로에 이스라엘)

여호와는 나의 목자시니 내게 부족함이 없으리로다.

그룹 사이에 좌정하신 이(יֹשֵׁב הַכְּרוּבִים 요셉 하크루빔)

그룹은 생명나무의 길을 지키는 천사로 법궤를 지키며
하나님의 발등상이 된다. 하나님은 그룹 날개를 타시고

강림하신다.

하나님이여(אֱלֹהִים 엘로힘)

만군의 하나님 여호와여(יְהֹוָה אֱלֹהִים צְבָאוֹת 아도나이 엘로힘 쯔바옷)

만군의 하나님이여(אֱלֹהִים צְבָאוֹת 엘로힘 쯔바옷)

만군의 하나님은 창조의 가용자원을 모두 동원하시는
하나님으로 여호와가 첨가된 것은 이에 덧붙여 시간과
공간도 여시는 하나님 되심을 강조한다.

하나님은 어떤 분이신가

양 떼를 인도하시는 목자시다(נֹהֵג כַּצֹּאן 노헥 카쫀)

귀를 기울이소서(הַאֲזִינָה 하아지나) 하나님은 성도의 간구에 귀를
기울이신다

빛을 비추소서(הוֹפִיעָה 호피아) 주님의 빛은 치유와 생명의
빛이시다

주의 능력을 나타내신다(עוֹרְרָה אֶת-גְּבוּרָתֶךָ 오레라 엣 그부라테카)

주의 오른손의 능력으로 구원하신다

우리를 구원하러 오소서(לְכָה לִישֻׁעָתָה לָּנוּ 레카 리슈아타 라누)

하나님은 성도를 구원하러 오시는 분이시다

하나님의 진노를 이렇게 표현한다.

허시사(פָרַצְתָּ 파라쯔타)

쫓아내시고(תִּגְרֶשׁ 테가레쉬)

눈물 양식을 먹이시며(הֶאֱכַלְתָּם לֶחֶם דִּמְעָה 헤에칼탐 레헴 디므아)

다툼거리가 되게 하시니(תְּשִׂימֵנוּ מָדוֹן 테씸메누 마돈)

이러한 상황에서 시인은 하나님께 회복을 간구한다.

돌아오소서(שׁוּב־נָא 슙 나)

주의 손을 얹으소서(תְּהִי־יָדְךָ 테히 야드카)

주의 얼굴의 광채를 비추소서(הָאֵר פָּנֶיךָ 하에르 파네카)

우리를 회복하여 주시고(הֲשִׁיבֵנוּ 하쉬베누)

심으셨나이다(תִּטָּעֶהָ 티타에하)

가꾸셨으므로(פִּנִּיתָ 피니타)

돌보소서(פְּקֹד 페코드)

　눈물은 흐르는 것이지만 그것을 다시 담아야 할 시절이
존재했다. 베개를 눈물로 흥건히 적시는 그때 엄청난
어려움을 겪어내면서도 아빠만 바라보는 딸아이의 해맑은
얼굴을 바라보면서 마음으로 많이 울었다.

조용히 안수하며 잠든 아이를 안고 그렇게 통곡하며 울며 기도했다. "하나님, 하나님, 이 아이의 일생을 주께 맡기옵나이다……."

나를 생각하시는
하나님

우리의 능력이 되시는 하나님을 향하여 기쁘게 노래하며
야곱의 하나님을 향하여 즐거이 소리칠지어다

아삽의 시, 인도자를 따라 깃딧에 맞춘 노래.

여호와 우리 주여 주의 이름이 온 땅에 어찌 그리
아름다운지요 주의 영광이 하늘을 덮었나이다 사람이
무엇이기에 주께서 그를 생각하시며 인자가 무엇이기에
주께서 그를 돌보시나이까(시편 8편의 깃딧הַגִּתִּית 노래)

아름다우신 하나님이 나를 생각하고 돌보신다는
게 깃딧 노래의 주제다. 시편 40편에도 하나님이 나를

생각하신다는 말씀 중에 '여호와 나의 하나님이여 주께서
행하신 기적이 많고 우리를 향하신 주의 생각도 많아
누구도 주와 견줄 수가 없나이다 내가 널리 알려 말하고자
하나 너무 많아 그 수를 셀 수도 없나이다'라는 구절이
나온다.

　　하나님은 우리를 생각하시며 사랑하시며 좋은 생각을
가지고 계시다.

　　여호와의 말씀이니라 너희를 향한 나의 생각을 내가 아나니
　　평안이요 재앙이 아니니라 너희에게 미래와 희망을 주는
　　것이니라(렘 29:11)

　　81편은 하나님을 찬양하는 표현이 많이 나온다. 아삽은
찬송하는 사람들이라는 별명에 어울리게 올리브를 짜고
무화과를 담는 절기 계절에 하나님을 찬양하고 있다.
'깃딧'은 포도주 틀에서 포도를 밟는 것 혹은 올리브를 짜는
절기를 의미한다. 수확이 풍성할 때 하나님께서 행하신
일들을 회상하고 하나님께 감사하고 소고, 수금, 비파,
나팔이라는 네 종류의 악기로 기쁘게 노래하며 즐거이 소리
내는 절기를 뜻한다. 그리고 깃딧 노래는 초하루와 보름과
명절에 부르라는 주님이 세우신 법임을 밝힌다.

역사에 대한 회고

하나님이 애굽 땅을 치러 나가시던 때에

이것은 출애굽의 시작을 말한다. 애굽 땅을 치러
나간다는 것은 하나님의 때가 왔다는 것을 의미한다.
출애굽 과정에서 하나님이 살아 계시다는 증거들이 많이
나오는데 그중 하나가 장자 멸망 재앙이다.

대화하시는 하나님

내가 알지 못하는 말씀을 들었나니

하나님께서는 전혀 이해하지 못하는 방식으로
말씀하실까 아니면 내가 모르는 언어를 이해할 수 있게
말씀하실까? 신앙의 깊은 곳으로 들어가 보면 하나님은
절대 어렵게 말씀하지 않으시고 우리 수준에 맞게 이해하기
쉽게 말씀하시는 것을 깨닫게 된다.
'내 아들 예수가 십자가에 달렸다 예수를 바라보아라.'
얼마나 쉬운가? 하나님 나를 위한 다음 계획이 무엇인가요?
어떻게 하면 그것을 알 수 있나요? 주님은 대답하신다.

'처음 만난 사랑으로 날 찾아라. 그리하면 너의 인생을
이끌어 주겠다. 어깨에서 짐을 벗겨 주겠다.'

고난은 우리의 인생이 좁아지는 때이다. 하지만
우리에게는 기도할 대상이 있다. 기도하라. 하나님이
응답하신다.

환난 날에 나를 부르라 내가 너를 건지리니 네가 나를
영화롭게 하리로다(시 50:15)

우리의 능력이 되시는 하나님

유다 왕 웃시야의 다른 이름은 아사랴로 이 둘의 뜻은
하나님이 도우시며 힘이 되신다는 것이다. 즉 하나님은
우리 삶의 에너지이시다.

나의 힘이신 여호와여 내가 주를 사랑하나이다(시 18:1)

야곱의 하나님

야곱의 하나님은 이스라엘의 하나님이시고 벧엘의
하나님이시다. 브니엘의 하나님도 되시고 마하나임의
하나님이시기도 하다. 하나님께서 말씀하신다. '나는
너희의 하나님 여호와라.'

시인은 야곱의 하나님, 능력 되신 하나님, 우리의
하나님께 다음과 같이 찬양할 것을 권면한다.

하르니누(הַרְנִינוּ)

'란넨'은 나의 에너지, 나의 산성, 나의 힘이신 하나님
앞에서 소리를 내는 것을 말한다.

하리우(הָרִיעוּ) 나팔을 불라.
쎄우 지므라(שְׂאוּ־זִמְרָה) 노래하라
트누 톱 키노르 나임 임 나벨(תְּנוּ־תֹף כִּנּוֹר נָעִים עִם־נָבֶל)
소고를 치고 아름다운 수금의 비파를 아우를지어다
티크우 쇼파르(תִּקְעוּ שׁוֹפָר) 양각 나팔을 불어라

시인은 환난 중에 하나님께 부르짖으면 응답하신다는
사실을 상기시킨다.

고난 중에 부르짖으매 내가 너를 건졌고 네게 응답하며 너를
시험하였도다

하나님의 말씀에 순종하면 받는 복을 열거한다.

만일 내 백성이 나의 말에 귀를 기울이고 나의 길로 행하면
내가 속히 그들의 원수를 누르고 내 손을 돌려 그들의
대적들을 치리니 내가 기름진 밀을 그들에게 먹이며 반석에서
나오는 꿀로 너를 만족하게 하리라

모든 나라가
주의 것

하나님이여 일어나사 세상을 심판하소서
모든 나라가 주의 소유이기 때문이니이다

'미즈모르 레 아삽'(מִזְמוֹר לְאָסָף). 번역하면 아삽의 정제된
시, 노래이며 여덟 절 짧은 시이다. 중심 주제는 '하나님은
심판관으로 그의 심판은 공의에 기초하며 모든 나라가 주의
소유이다'이다.

하나님은 어디 계시는가

하나님은 신들의 모임 가운데 서 계신다. 세상에는
신들이 많이 존재한다. 사람도 신이 되려 한다(Homo Deus).
이사야 선지자는 말한다.

조각한 우상을 의지하며 부어 만든 우상을 향하여 너희는

우리의 신이라 하는 자는 물리침을 받아 크게 수치를

당하리라(사 42:17)

하나님은 무엇을 하시는가

하나님은 심판하신다(שָׁפַט 이슈퐅). 불공평한 판단을

하는 자. 악인의 낯을 봐주는 자. 흑암 중에 왕래하면서

알지도 깨닫지도 못하는 자. 스스로를 하나님이라고

부르며 지존자의 아들이라 부르는 자. 이들에게 주님은

명령하신다.

가난한 자와 고아를 위하여 판단하라

(שִׁפְטוּ־דַל וְיָתוֹם 쉬프투 달 배야톰).

곤란한 자와 빈궁한 자에게 공의를 베풀라

(עָנִי וָרָשׁ הַצְדִּיקוּ 오니 바라쉬 하쯔디쿠).

하나님의 경고를 듣지 않으면

너희는 사람처럼 죽으며 고관의 하나 같이 넘어지리로다

(אָכֵן כְּאָדָם תְּמוּתוּן וּכְאַחַד הַשָּׂרִים תִּפֹּלוּ 아켄 케아담 테무툰 우케아하드

하싸림 티폴루)

71

시인은 하나님께 기도한다. 하나님이여 일어나사

세상을 심판하소서(קוּמָה אֱלֹהִים שָׁפְטָה הָאָרֶץ 쿠마 엘로힘 쇼프타

하아레츠). 모든 나라가 주의 소유이기 때문이니이다

(כִּי־אַתָּה תִנְחַל בְּכָל־הַגּוֹיִם 키 아타 틴할 베콜 하고임—히브리어 원문은 '주님께서

온 열방 가운데 통치하시리라').

지존하신
하나님

여호와라 이름하신 주만 온 세계의 지존자로 알게 하소서

적들은 뭉쳐 있는 걸 중요하게 생각한다. 목적은 주의 백성을 치는 간계를 항상 도모하기 위해서다. '하나님의 목장을 우리의 소유로 취하고자 하였나이다'(12절). 이것이 대적의 특징이다. 자기는 하나도 노력하지 않고 남이 평생 노력해 온 것을 모두 빼앗는 사람들을 의미한다. 그리스도인들은 그렇지 않다. 남의 것을 부러워하지 않고, 노력하지 않은 것 얻으려 하지 않으며, 열심히 씨 뿌려 얻은 것을 오히려 이웃과 나누는 것을 가치 있는 목표로 삼는 사람들이다.

에돔의 장막

이삭의 첫 아들 에서의 집안을 말한다. 에서는 팥죽
한 그릇 값에 장자의 권리를 팔아넘긴 경솔한 사람이었다.
신앙의 가치보다 물질을 더 소중하게 여기는 모습이 우리
안에도 보일 때가 많이 있다. 에서의 장막인가 아니면
야곱의 장막인가? 물질의 신을 섬기는가 아니면 하나님을
섬기는가?

에돔의 장막 사람들은 칼을 믿고 산다. 하늘의 축복에서
멀리 떨어져 있기 때문이다.

하나님을 버리면 하나님도 그를 버리신다.
현대인들은 하나님 없는 세상을 갈구한다. 영화
〈애스트로넛〉(astronauts)을 보았다. 과학자가 열기구를
타고 여행을 하는데 1만 1천 미터를 올라가는 열기구다.
이런 대사가 나온다. "하늘을 바라보니 광활한 대륙이
열렸다." 바라보아야 열리는 법이다. 좁은 신앙의 길을
걷는 사람에게 하늘의 문, 즉 벧엘이 보이고 그곳에서 하늘
사닥다리가 열리면서 창조주 하나님을 만나는 것이다.

이스마엘

'이스마엘'은 하나님께서 들으신다는 뜻이다.
아브라함과 이집트 여인 하갈의 소생이었던 이스마엘의

출발은 최악이었다. 사라의 질투로 광야로 내몰린 것이다. 하갈과 이스마엘이 광야에서 방성대곡하자 하나님은 우는 아이의 소리를 들으시고 그의 이름을 하나님께서 들으신다는 뜻으로 이스마엘이라 부르셨다. 최악의 상황에서 출발하더라도 공평하신 하나님께 광야에서 부르짖으며 기도하면 긍휼을 베푸신다는 뜻을 내포한 이름인 것이다.

모압

모압은 아브라함과 함께 신앙의 걸음을 걸어갔던 조카 롯의 자식이다. 모압의 탄생은 부끄러움 그 자체였다. 아버지와 딸의 부적절한 관계의 열매인 것이다. 죄악의 도성 소돔과 고모라에 계속 머물다가 진노의 심판을 받고 멸망을 당할 때 그래도 하나님은 아브라함을 생각해서 멸망 중에서라도 조카 롯을 구원하셨다. 이때 롯이 회개하고 아브라함이 머물던 곳으로 돌아갔더라면 인생이 완전히 달라졌을 것이다. 하지만 롯은 오히려 '소알'(작다는 뜻) 성에 머문다. 자기 딸들과 있어서는 안 될 일을 하고 자손을 낳은 롯은 신앙 역사의 반열에서 영원히 사라진다.

시인은 하나님께 호소한다. '잠잠하지 마소서'의 뜻을 가진 세 가지 표현을 반복한다. '알 도미 락'(אַל־דֳּמִי־לָךְ). '알

테헤라쉬'(אַל־תַּהְרֵשׁ). '알 티슈콧'(אַל־תִּשְׁקֹט). 주님의 이름만 온
땅에 존귀하시도다.

주의 장막을
사랑하나이다

만군의 여호와여 주의 장막이 어찌 그리 사랑스러운지요

고라 자손의 시. 인도자를 따라 깃딧에 맞춘 노래.
'깃딧'은 '겟세마네'이다. 기름을 짠다는 뜻으로 절기에
영원한 승리를 위해 부르는 노래를 의미한다. 고라는
이스라엘이 싫어하는 이름이었다. 그러한 고라 자손이
어떻게 주옥같은 시를 쓰게 되었을까? 구약의 복음을
이야기하고 싶어서 아닐까?

기생 라합이 정탐꾼의 얘기를 듣고 가나안 땅에 가서
보아스를 낳아 다윗 왕의 조상이 된다. 어떻게 기생 출신이
성군 다윗 왕의 조상이 될 수 있었을까? 이것이 복음이다.

롯도 시어머니를 따라 하나님께서 권고하시는 땅으로 갔기 때문에 보아스를 만나게 되었다. 이것이 복음이다. 에녹도 좋은 이름은 아니었다. 가인이 낳은 첫아들의 이름이 에녹이다. 하지만 두 번째 에녹과 두 번째 라멕이 좋았던 것처럼 고라도 자손이 더 좋아진 경우가 복음인 것이다.

복 있는 자손들

고라 자손의 시는 복 있는 사람이 누구인지 말해준다.

만군의 여호와(יְהוָה צְבָאוֹת 아도나이 쩨바옷)

살아 계신 하나님(אֵל־חָי 엘 하이)

나의 왕, 나의 하나님(מַלְכִּי וֵאלֹהָי 말키 베엘로하이)

시인은 사슴이 시냇물을 찾듯이 하나님을 찾는다. 하나님께서 항상 내려주시는 그 은혜를 받아먹고 살기를 원한다.

주의 장막을 사랑한다(מַה־יְדִידוֹת מִשְׁכְּנוֹתֶיךָ 마 예비돗 미슈케놋테이카)

유대인들의 영적 운동 중에 '슈키나'가 있다. 하나님께 선택된 선민으로서 하나님과 영적·육적 합일이 되는 장소에 대한 유대인들의 사모함이 '슈키나'다. 신과 내가 하나가 되는 시간, 신약으로 말하면 성령충만 같은 것이다.

주의 궁정에서의 한 날이 다른 곳에서의 천 날보다 나은즉 악인의 장막에 사는 것보다 내 하나님 성전 문지기로 있는 것이 좋사오니

하나님의 궁전 뜰에 머문다는 것은 하나님의 관심 안에 들어와 있다는 의미이다. 고라 자손은 왜 이렇게까지 하나님의 축복을 그리워할까? 성전에서 쫓겨난 경험이 있기 때문이다. 헬몬 산에서 성전 문지기가 되어 사람들을 예배 처소로 인도하던 때를 그리워하던 경험이 있기 때문이다. 교회에 머물 수 있다는 것이 얼마나 축복인가?

행복한 사람

행복한 사람을 세 번 언급한다.

주께 힘을 얻는 사람

(אַשְׁרֵי אָדָם עוֹז־לוֹ 아슈레 아담 오즈 로)

하나님의 집에 머무는 사람

(אַשְׁרֵי יוֹשְׁבֵי בֵיתֶךָ 아슈레 요슈베이 베이테카)

하나님을 신뢰하는 사람

(אַשְׁרֵי אָדָם בֹּטֵחַ בָּךְ 아슈레 아담 보네아흐 박)

기도의 응답을 확신한다.

내 기도를 들으소서(שִׁמְעָה 쉬므아)

귀를 기울이소서(הַאֲזִינָה 하아지나)

이 시대에 행복한 사람은 누구인가?

은혜로 사는 사람들

여호와께서 좋은 것을 주시리니
우리 땅이 그 산물을 내리로다

고라 자손의 시, 인도자를 따라 부르는 노래이다.

주의 땅에 은혜를 베푸사(1절)

우리가 사는 이 땅을 주께서 좋아하시는 땅으로
만들어야 하는 사명이 우리에게 주어졌다. 우리나라에는
사탄이 밟아놓은 발자국도 많고 가시가 무성한 황무지도
많다. 할 일이 많은 땅이 대한민국이다. 이 땅이 거룩한 땅이
되며 주께서 그토록 바라시는 땅이 되도록 기도하자.

주의 백성의 죄악을 사하시고 그들의 모든 죄를
덮으셨나이다(셀라, 2절)

'아본'(עָוֹן)은 주님이 보시기에 똑바로 가지 않고 오히려
굽게 행동하거나 그렇게 머물러 있는 상태를 뜻한다.
과녁에서 벗어난다는 뜻도 있다. 죄는 주님께 상한 음식을
드리거나, 주님이 원하시지 않는 굽은 길을 걸어가는 것을
뜻한다. 시인은 이러한 죄를 짓는 백성들을 용서해 달라고
기도한다.

우리 구원의 하나님이여 돌이켜 우리에게 향하신 주의 분노를
거두소서(4절)

회개는 주님이 원하시는 정답을 갖고 돌아오는 것을
말한다. '주님, 제가 그때는 탕자처럼 살았지만 이번엔
아들처럼 살아가겠습니다.' 잘못한 것을 뉘우치며 앞으로는
바르게 살겠다고 결심하며 돌아오는 것이 회개인 것이다.
이럴 때 주님은 진노를 거두시고 용서를 베푸신다.

주께서 우리에게 영원히 노하시며 대대에
진노하시겠나이까(5절)

주님을 사랑하는 자에게 천 대까지, 미워하는 자에겐 삼사 대까지 심판하신다. 만일 주님께서 계속 화를 내시면 주님 앞에 설 자가 과연 있을까? 하나님은 영원히 노하시지 않는다. 주님의 자비는 영원하며 심판은 잠깐임을 감사하자.

여호와께서 하실 말씀을 들으리니 그의 백성, 그의 성도들에게 화평을 말씀하실 것이라 그들은 다시 어리석은 데로 돌아가지 말지로다(8절)

성도로 번역된 히브리어 '하시드'(Hasid)는 하나님의 은혜로 살아가는 사람들이란 뜻이다. '헤세드'는 주님의 긍휼, 자비이며 '하시드'는 주님의 은혜로 사는 사람을 뜻한다. 성도는 하나님의 은혜로 사는 왕이 친히 돌보시는 주님의 백성들이다. 본문에서는 성도와 백성이 병행을 이룬다(אֶל־עַמּוֹ וְאֶל־חֲסִידָיו 엘 암모 배엘 하씨다브)

가장 아름다운 시간

'당신이 가장 아름다운 시간은 언제인가'라는 광고를 본 적이 있다. 하루 중 가장 아름다워지는 시간은 몇 시일까? 인생에 있어서 가장 아름다운 시간은 언제였을까?

젊은 시절의 아름다웠던 시간을 추억하곤 한다. 인생에서 가장 아름다운 시간은 인생 여정 끝내고 강 건너 이를 때, 가시밭길 길을 걸어가더라도, 시험 환난이 많더라도 예수님이 나와 함께하시는 그 시간이 아닐까?

인자하심으로 주께서 구원을 베푸실 때 아름답다. 주님의 자비, 긍휼, 사랑이라고 표현되는 이 '헤세드'(חֶסֶד)라는 단어. '하나님, 긍휼과 사랑을 우리에게 보여주소서.'

> 내가 하나님 여호와께서 하실 말씀을 들으리니 무릇 그의 백성, 그의 성도들에게(8절)

인생이 아름다울 수 있는 유일한 길은 주님의 백성이 될 때이다. 탕자의 비유를 생각해 보자. 둘째 아들이 가산을 탕진하고 거지가 되어 돌아와도 아버지는 여전히 아들을 사랑하신다.

하나님께서 우리의 필요를 공급하시고 우리를 보호하시고 인도하실 때 가장 아름다운 인생이 될 수 있는 것이다. 주께서 화평을 말씀하실 때 우리는 행복하다. 주님은 평강의 주이시다. 평화를 위해 십자가에 못 박히셨기에 하나님과 우리는 화목하게 되었다.

진실로 그의 구원이 그를 경외하는 자(לִירֵאָיו 리레아브)에게
가까우니 영광이 우리 땅에 머무르리이다(9절)

여호와를 경외하면 주님께 은총을 받고 주님의
백성으로서 영화로운 삶을 살게 된다.

다윗의
기도

여호와여 나는 가난하고 궁핍하오니
주의 귀를 기울여 내게 응답하소서

기도하는 다윗

제목이 독특하다. '다윗의 기도'(תְּפִלָּה לְדָוִד 트필라 레다비드).
다윗은 기도하는 사람으로 언제 어떻게 어떤 심정으로
기도했는지를 살펴보면 많은 교훈을 얻을 수 있다

귀를 기울여 주소서

(הַטֵּה־יְהוָה אָזְנְךָ 하테 아도나이 오즈네카)

응답하소서

(עֲנֵנִי 아네니)

다윗은 자신이 왜 기도하는지를 설명한다.

가난하고 비천하기에(עָנִי 오니, אֶבְיוֹן 에비온)

은혜로 살기에(보통 '경건하다'로 번역한다. חָסִיד 하시드)

주님의 종이기에(עַבְדְּךָ 아브데카)

나의 하나님이시기에(אֱלֹהַי 엘로하이)

주님은 좋으신 하나님이시기에(אַתָּה אֲדֹנָי טוֹב 아타 아도나이 톱)

주님 같으신 분이 없으시기에(אֵין־כָּמוֹךָ 에인 카모카)

유일하신 하나님이시기에(אַתָּה אֱלֹהִים לְבַדֶּךָ 아타 엘로힘 레바데카)

긍휼의 하나님이시니까(אֵל־רַחוּם 엘 라훔)

탄원의 기도를 들으시니까(חַנּוּן 하눈)

진실과 사랑이 풍성하기에(רַב־חֶסֶד וֶאֱמֶת 랍 헤쎄드 베에멧)

다윗의 멘토는 누구일까? 본문은 힌트를 주고 있다.

주의 종에게 힘을 주시고 주의 여종의 아들(בֶּן־אֲמָתֶךָ 벤
아메테카)을 구원하소서 (16절)

다윗의 기도 안에 어머니가 갑자기 등장한다. 성경은
다윗의 아버지의 이름은 기록하지만 어머니는 무명으로
남겨놓는다. 이새는 막내 다윗이 왕으로 기름부음을

받으리라고는 상상도 하지 못하였음을 사무엘상 16장
기록을 통해 알 수 있다.

> 또 사무엘이 이새에게 이르되 네 아들들이 다 여기 있느냐
> 이새가 이르되 아직 막내가 남았는데 그는 양을 지키나이다
> 사무엘이 이새에게 이르되 사람을 보내어 그를 데려오라
> 그가 여기 오기까지는 우리가 식사 자리에 앉지
> 아니하겠노라(삼상 16:11)

아버지가 추천한 아들들은 장자부터 차례로
열거되지만 "네 아들들이 다 여기 있느냐"라는 질문이
던져지고 나서야 막내 다윗을 등장시키는 것으로 보아
아버지 이새의 영적 안목에 문제가 있음을 알 수 있다.

하나님은 이새의 집안에서 사울을 대신할 새 왕을
발견하셨고 선지자 사무엘을 베들레헴 이새의 집으로
보내셨다. 하지만 아버지는 하나님이 선택하신 왕이
막내 다윗일 줄은 꿈에도 몰랐다. 그렇다면 누가 다윗의
멘토였을까? 시편 86편 다윗의 기도 속에 나오는 '주님의
여종의 아들을 기억하소서'라는 간구에서 이름도 모르고
배경도 전혀 알 수 없지만 다윗을 하나님 앞에 올곧게
세운 어머니, 그가 신앙의 멘토 아니었을까 추론해 본다.

무명이면 어떠하리! 다윗을 길러낼 수만 있다면!

주님의 길을 알려주시면 충성스러운 마음으로 그 길을
걸으며 주님 경외하는 삶을 살아가겠습니다. 나의 하나님
나의 주님께 전심을 다해 감사드리며 주님의 거룩하신
이름을 영원토록 높여드리겠습니다.

성전을 사모하는 이들

여호와께서 야곱의 모든 거처보다
시온의 문들을 사랑하시는도다

고라 자손의 시

왜 고라 자손들은 성전을 이토록 사모하는가? 아마
과거의 아픈 기억 때문일 것이다. 민수기 16장은 고라
자손의 반역과 이로 인한 하나님의 징벌을 기록한다.

레위의 증손 고핫의 손자 이스할의 아들 고라와 르우벤 자손
엘리압의 아들 다단과 아비람과 벨렛의 아들 온이 당을 짓고
이스라엘 자손 총회에서 택함을 받은 자 곧 회중 가운데에서
이름 있는 지휘관 이백오십 명과 함께 일어나서 모세를

거스르니라(1-2절)

그들의 불만은 왜 모세만 지도자냐는 항변에서
비롯되었다.

그들이 모여서 모세와 아론을 거슬러 그들에게 이르되 너희가
분수에 지나도다 회중이 다 각각 거룩하고 여호와께서도 그들
중에 계시거늘 너희가 어찌하여 여호와의 총회 위에 스스로
높이느냐(3절)

모세는 듣고 엎드린 후 문제를 하나님께 올려드린다.

모세가 듣고 엎드렸다가 고라와 그의 모든 무리에게 말하여
이르되 아침에 여호와께서 자기에게 속한 자가 누구인지,
거룩한 자가 누구인지 보이시고 그 사람을 자기에게 가까이
나아오게 하시되 곧 그가 택하신 자를 자기에게 가까이
나아오게 하시리니 이렇게 하라 너 고라와 네 모든 무리는
향로를 가져다가 내일 여호와 앞에서 그 향로에 불을 담고
그 위에 향을 두라 그 때에 여호와께서 택하신 자는
거룩하게 되리라 레위 자손들아 너희가 너무 분수에
지나치느니라(4-7절)

직분에는 서열이 없고 직무가 다를 뿐이다.

모세가 또 고라에게 이르되 너희 레위 자손들아 들으라
이스라엘의 하나님이 이스라엘 회중에서 너희를 구별하여
자기에게 가까이 하게 하사 여호와의 성막에서 봉사하게
하시며 회중 앞에 서서 그들을 대신하여 섬기게 하심이
너희에게 작은 일이겠느냐 하나님이 너와 네 모든 형제 레위
자손으로 너와 함께 가까이 오게 하셨거늘 너희가 오히려
제사장의 직분을 구하느냐(8-10절)

모세의 간곡한 설득을 받아들이지 않은 고라 자손으로
인해 이스라엘 회중은 더 큰 위기에 직면한다.

이에 모세가 고라에게 이르되 너와 너의 온 무리는 아론과 함께
내일 여호와 앞으로 나아오되 너희는 제각기 향로를 들고 그
위에 향을 얹고 각 사람이 그 향로를 여호와 앞으로 가져오라
향로는 모두 이백오십 개라 너와 아론도 각각 향로를 가지고
올지니라 그들이 제각기 향로를 가져다가 불을 담고 향을 그
위에 얹고 모세와 아론과 더불어 회막 문에 서니라(16-18절)

회막 문 앞에서 겸허히 주님의 뜻을 기다리지 않고

계속해서 무리를 선동할 때 여호와의 영광이 갑자기
나타난다.

> 너희는 이 회중에게서 떠나라 내가 순식간에 그들을 멸하려
> 하노라(20절)

고라와 그 일당들은 땅이 그들을 삼키는 형벌로 멸망을
당한다. 세월이 지난 후 멸망당한 고라 자손 중 남은 자들이
영적으로 회복되어 주님의 성전으로의 복귀를 갈망하는
시편을 여럿 기록하였다는 사실이 이 얼마나 놀라운가!

성소는 왜 소중한가

첫째, 지존자(עֶלְיוֹן 엘욘)가 친히 세우셨다.

> 시온에 대하여 말하기를 이 사람, 저 사람이 거기서 났다고
> 말하리니 지존자가 친히 시온을 세우리라 하는도다(5절)

창세기 14장에서 멜기세덱은 하나님을 일컬어 지극히
높으신 하나님이라 부른다(אֵל עֶלְיוֹן 엘 엘욘). 교회를 개척한
사람도 있고 개척을 돕는 사람도 많으나 실상은 하나님이
친히 교회를 세우신 것임을 명심해야 한다.

나는 심었고 아볼로는 물을 주었으되 오직 하나님께서
자라나게 하셨나니 그런즉 심는 이나 물 주는 이는 아무 것도
아니로되 오직 자라게 하시는 이는 하나님뿐이니라(고전 3:6-7)

둘째, 하나님이 머무시는 곳이다.

그의 터전이 성산에 있음이여
(יְסוּדָתוֹ בְּהַרְרֵי־קֹדֶשׁ 예쏘다토 베하르레이 코데쉬)

제사장들이 여호와의 언약궤를 자기의 처소로 메어 들였으니
곧 성전의 내소인 지성소 그룹들의 날개 아래라 내가 참으로
주를 위하여 계실 성전을 건축하였사오니 주께서 영원히 계실
처소로소이다(왕상 8:6,13)

셋째, 하나님이 사랑하신다.

여호와께서 야곱의 모든 거처보다 시온의 문들을
사랑하시는도다(אֹהֵב יְהוָה שַׁעֲרֵי צִיּוֹן 오헵 아도나이 사아레이 찌욘)

여호와께서 모세에게 이르시되 너는 이스라엘 자손에게 이같이
이르라 내가 하늘로부터 너희에게 말하는 것을 너희 스스로

보았으니 너희는 나를 비겨서 은으로나 금으로나 너희를 위하여 신상을 만들지 말고 내게 토단을 쌓고 그 위에 네 양과 소로 네 번제와 화목제를 드리라 내가 내 이름을 기념하게 하는 모든 곳에서 네게 임하여 복을 주리라(출 20:22-24)

넷째, 여호와의 영광이 충만하다.

하나님의 성이여 너를 가리켜 영광스럽다 말하는도다
(נִכְבָּדוֹת מְדֻבָּר בָּךְ עִיר הָאֱלֹהִים 니크바돗 메두바르 박 이르 하엘로힘)

여호와의 영광이 여호와의 성전에 가득함이었더라(왕상 8:11)

하나님이 세우시고 머무시는 성전인 교회를 사랑하며 성전에서 영원토록 하나님을 송축해야 한다.

노래하는 자와 뛰어 노는 자들이 말하기를 나의 모든 근원이 네게 있다 하리로다
(וְשָׁרִים כְּחֹלְלִים כָּל־מַעְיָנַי בָּךְ 배샤림 케홀렐림 콜 마아야네이 박)

주님의 몸이신 성전, 교회를 통해 영광 받으실 하나님을 찬양하자.[11]

여호와여 내가 주께서 계신 집과 주의 영광이 머무는 곳을
사랑하오니(시 26:8)

선천과 평광교회

평광교회의 원 이름은 평북교회였다. 두고 온 고향인
평안북도 실향민들이 정전협정이 있었던 1953년 11월
20일 서울 회현동에 평북교회를 세웠고 그다음 해인
1954년 11월 21일 피난민들이 모여 살던 남산 밑 신흥동,
일명 '선천 국민'에 목조 예배당을 건립하였고 1990년
목동으로 이전하여 오늘에 이르렀다.[12]

민족 시인 김소월의 영변 약산 진달래의 본고향이
평안북도 선천 지역이었듯이 선천 기독교인들은 한국
교회 최초의 교회를 이곳에 세웠다. 1896년 선교사
휘트모어(Norman C. Whittemore, 한국명 위대모, 33년간 민족교육과
선교활동에 헌신)가 평양에서 선천으로 주거지를 옮겼을 때
선천에는 단지 두 명의 기독교인만 있었다. 양전백이
1897년 선천읍 교회 초대 담임 목회자가 된 후 선천은

---

11 이근복,《그림; 교회, 우리가 사랑한》(태학사, 2022). / 구본선 글, 장석철 사진,
    《한국 교회 처음 예배당》(홍성사, 2013). / 김수진,《마부 이자익을 섬긴 조덕삼
    장로 이야기》(진흥, 2008).

12 《평광교회 창립 40주년사》(1997). /《창립 70주년사》(2023년 출간 예정).

한국 기독교의 중심지가 되었다. 인구 2만, 4천여 호 소읍이었던 선천에 1906년 신성중학교(초대 교장 휘트모어), 1907년 보성여학교, 미동병원(William H. Chisholm, 한국명 최이손)이 세워짐으로 선천 주민들은 근대의식으로 깨어나게 되었다. 1902년 44개의 예배당이 1906년에는 78개로 늘어났고 교인 수도 3,429명에서 11,943명으로 부흥되는 놀라운 일이 일어났다. 또한 1911년 일제의 음모하에 일어난 105인 사건은 평안북도 장로교인들을 중심으로 일어난 민족주의자들을 없애려 한 것과 관련되어 있다. 기소된 105인 중 99명은 2심에서 무죄 석방되었지만 6명은 4년의 옥고를 치르는 수난을 겪어야만 했다. 3·1운동 때도 이승훈과 양전백의 기획으로 선천의 남·북 교회와 신성중학교 학생들이 대한독립 만세를 외쳤고 1천 명의 군중이 만세 시위에 가담, 상당수의 사람들이 일제의 발포로 숨지고 모진 고문을 당한 곳이 바로 선천이었다.[13] 근대교육과 나라 사랑의 정신이 서울 목동에 있는 평광교회를 통해 이어지고 있다는 사실이 얼마나 감사한지 하나님께 영광을 올려 드린다.

---

13 《평북노회 초기 역사연구(1910-1930년 중심)》, 2018, 제204회기 평북노회 역사위원회.

주야로
부르짖었사오니

여호와 내 구원의 하나님이여
내가 주야로 주 앞에서 부르짖었사오니

'고라 자손이 쓴 마할랏 레아놋(מָחֲלַת לְעַנּוֹת)에 맞춘
헤만 에즈라히(מַשְׂכִּיל לְהֵימָן הָאֶזְרָחִי)의 지혜의 시'가 제목이다.
본 시편에서 중요한 사실은 중보기도보다 내가 직접
기도하기를 주님이 더 원하신다는 점이다. 또한 무시로
기도해야 함을 강조한다. 이유가 무엇일까?

기도는 주님과 사귀는 시간이기 때문이다. 사랑하는
사이일수록 오래 만나는 것이 좋지 않을까? 기도는 나의
사랑하는 주님과 교제하는 가장 행복한 시간이다. 이런
기도자의 기도를 주님께서는 열납하신다.

여호와 내 구원의 하나님이여 내가 주야로 주 앞에서
부르짖었사오니 나의 기도가 주 앞에 이르게 하시며 나의
부르짖음에 주의 귀를 기울여 주소서(1-2절)

언제 기도해야 하나? 재난이 가득할 때. 죽기에
이르렀을 때. 무기력함을 느낄 때. 끝이라고 여겨질 때.

무릇 나의 영혼에는 재난이 가득하며 나의 생명은 스올에
가까웠사오니 나는 무덤에 내려가는 자 같이 인정되고
힘없는 용사와 같으며 죽은 자 중에 던져진 바 되었으며
죽임을 당하여 무덤에 누운 자 같으니이다 주께서 그들을
다시 기억하지 아니하시니 그들은 주의 손에서 끊어진
자니이다(3-5절)

아무리 어려워도 소망을 포기할 수 없는 이유는
무엇일까? 고난을 허락하신 분이 하나님이시기 때문이다.
외롭게 하신 분도, 대적들을 일으키신 분도, 가두신 분도
하나님이시기에.

주께서 나를 깊은 웅덩이와 어둡고 음침한 곳에 두셨사오며
주의 노가 나를 심히 누르시고 주의 모든 파도가 나를 괴롭게

하셨나이다 (셀라) 주께서 내가 아는 자를 내게서 멀리 떠나게
하시고 나를 그들에게 가증한 것이 되게 하셨사오니 나는
갇혀서 나갈 수 없게 되었나이다(6-8절)

기도의 자세

— 두 손을 들라

(שִׁטַּחְתִּי אֵלֶיךָ כַפָּי 시타흐티 엘레이카 카파이)

여호와여 내가 매일 주를 부르며 주를 향하여 나의 두 손을
들었나이다(9절)

— 새벽을 깨우라

(בַּבֹּקֶר תְּפִלָּתִי תְקַדְּמֶךָ 바보케르 트필라티 테카드메카)

여호와여 오직 내가 주께 부르짖었사오니 아침에 나의 기도가
주의 앞에 이르리이다(13절)

— 호소하라(לָמָה 라마)

여호와여 어찌하여 나의 영혼을 버리시며 어찌하여 주의
얼굴을 내게서 숨기시나이까(14절)

— 상세히 아뢰라(עני אני 오니 아니, 나는 가난합니다)

내가 어릴 적부터 고난을 당하여 죽게 되었사오며 주께서
두렵게 하실 때에 당황하였나이다 주의 진노가 내게 넘치고
주의 두려움이 나를 끊었나이다 이런 일이 물 같이 종일
나를 에우며 함께 나를 둘러쌌나이다 주는 내게서 사랑하는
자와 친구를 멀리 떠나게 하시며 내가 아는 자를 흑암에
두셨나이다(15-18절)

평광교회는 아침 기도회를 포함 매일 세 번(오전 5시, 6시,
9시)의 기도 시간을 갖고 있다. 새벽마다 주님의 성전에
나와 엎드리는 시간은 이 세상 어느 곳에서도 느낄 수 없는
위안과 평안을 맛보는 희열의 순간임을 새록새록 느낀다.
새벽기도가 없었으면 어찌 살았을까? 새벽에 도우시는
하나님, 우리 모두 새벽이슬 되어 주님의 날에 거룩하게
사용하옵소서.

주의 권능의 날에 주의 백성이 거룩한 옷을 입고
즐거이 헌신하니 새벽이슬 같은 주의 청년들이 주께
나오는도다(시 110:3)

맘속에 시험을 받을 때와 무거운 근심이 있을 때에 주께서 그

때도 같이 하사 언제나 나를 도와주시네(새찬송가 407장)[14]

---

14   Never a trial that He is not there, Never a burden that He doth not bear; Never a
      sorrow that He doth not share, Moment by moment I'm under His care. 시련의
      시간에 주님이 함께 계시지 않은 적이 한 번도 없으셨네, 무거운 짐을 지고 갈 때
      주님께서 그 짐을 져 주지 않으신 적이 단 한 번도 없으셨네. 슬픔을 공유하지
      않으신 적 결코 없으셨고 매 순간 나는 주님의 돌보심 가운데 있었네(D. W.
      Whittle 작사, 원문 직역).

찬양하라

여호와여 주의 기이한 일을 하늘이 찬양할 것이요
주의 성실도 거룩한 자들의 모임 가운데에서 찬양하리이다

홀로 합당하신

내가 여호와의 인자하심(חַסְדֵי יְהוָה 하쓰데이 아도나이)을 영원히
노래하며 주의 성실하심(אֱמוּנָתְךָ 에무나트카)을 내 입으로 대대에
알게 하리이다(1절)

하나님은 찬양받기에 홀로 합당하신 주님이시다.
그 이유는 인자하심과 성실하심이 하늘보다 높으시기
때문이다. 삶에서 경험한 하나님의 인자하심은

헤아리기조차 힘들다. 지금까지 우리를 불쌍히 여기셨고
보호하시고 입혀주셨을 뿐 아니라 선한 길로 인도하셨고
때론 우리의 유익을 위해 훈육의 막대기도 아낌없이
사용하셨다.

주님의 성실하심은 약속을 기억하신 것으로
증명되었다. 한 번 맺은 언약을 폐기하지 않으셨고
오늘까지, 아니 주님의 나라까지 이어가 주시는 하나님의
성실하시고 인자하신 사랑에 머리 숙여 찬양과 영광
올려드린다.

> 여호와여 주의 기이한 일(פֶּלֶא 필아카, 펠레는 기묘로 번역된다)을
> 하늘이 찬양할 것이요 주의 성실(אֱמוּנָתְךָ 에무나트카)도 거룩한
> 자들의 모임(קְהַל קְדֹשִׁים 케할 크도쉼, 성도들의 모임) 가운데에서
> 찬양하리이다(5절)

주님과 같으신 분이 어디 있을까? 비교 불가능하신
분이시다.

> 무릇 구름 위에서 능히 여호와와 비교할 자 누구며 신들
> 중에서 여호와와 같은 자 누구리이까(יִדְמֶה לַיהוָה 이드메
> 라아도나이, 6절)

하나님은 우리가 두려워해야 할 분이시다.

하나님은 거룩한 자의 모임(쏘드 크도쉼. 5절과 비교해보면 '모임'으로
번역된 히브리어 단어가 서로 다르다. 5절은 케할—모인 무리, 7절은 쏘드—
비밀) 가운데에서 매우 무서워할 이시오며 둘러 있는 모든 자
위에 더욱 두려워할 이시니이다(7절)

하나님은 능력 있는 성실하신 분이시다. 1, 5, 8절에서
주의 성실하심이 반복되고 있다.

여호와 만군의 하나님이여 주와 같이 능력 있는 이(חָסִין
하씬 아도나이)가 누구리이까 여호와여 주의 성실하심(אֱמוּנָתְךָ
에무나트카)이 주를 둘렀나이다(8절)

파도를 잔잔케 하시는 분이시다.

주께서 바다의 파도를 다스리시며 그 파도가 일어날 때에
잔잔하게 하시나이다(9절)

대적 사탄을 제압하시는 분이시다.

주께서 라합을 죽임 당한 자 같이 깨뜨리시고 주의 원수를
주의 능력의 팔로 흩으셨나이다(10절)

모든 것은 하나님의 소유

하늘이 주의 것이요 땅도 주의 것이라 세계와 그 중에 충만한
것을 주께서 건설하셨나이다(11절)

'하늘이 주의 것이요 땅도 주의 것이라'(שָׁמַיִם אַף־לְךָ אָרֶץ
לְךָ 레카 샤마임 앞 레카 아레츠)의 히브리어 원문 해석은 '하늘이
주님을 위해 존재하며 심지어 땅은 말할 것도 없지 않은가?
다시 말해서 높은 하늘도 주님을 위해 창조되었거늘 하물며
아래에 존재하는 땅은 더할 나위 없지 않은가?'이다. 소유
개념은 주님을 위하여 창조되었음을 인정할 때 시작된다.
나는 주님의 것이라는 의미는 주님을 위해 창조된
피조물임을 인정한다는 것이다.

— 주께서 건설하셨나이다(יְסָדָהּ 예싸드탑)

건설한다고 번역된 히브리어의 원뜻은 '기초를
놓으셨다'이다. 우리의 근본은 주님이시며 기초를 놓으신

분도 주님이심을 고백한다.

— 남북(צָפוֹן וְיָמִין 짜폰 배야민)

남북을 주께서 창조하셨으니(12절)

히브리어 원문은 북쪽과 동쪽이다. 번역에서 지역적
사고가 고려되었으니 이는 잘못이다. 북과 동의 성경적
의미는 각각 소명의 장소, 훈련의 장소를 뜻한다. 북쪽 밧단
아람은 나를 부르신 소명의 장소이며 동쪽 광야는 나를
훈련시키시는 학교이다.

납달리에 대하여는 일렀으되 은혜가 풍성하고 여호와의
복이 가득한 납달리여 너는 서쪽과 남쪽(יָם וְדָרוֹם 얌 배다롬)을
차지할지로다(신 33:23)

흥미로운 사실은 서쪽 바다는 블레셋 지역이며 남쪽은
광야 지역으로 지경이 넓어지는 곳을 의미한다. 성경은
방향의 은혜를 자주 말씀한다.

롯이 아브람을 떠난 후에 여호와께서 아브람에게 이르시되

너는 눈을 들어 너 있는 곳에서 북쪽과 남쪽 그리고 동쪽과 서쪽(צָפֹנָה וָנֶגְבָּה וָקֵדְמָה וָיָמָּה)을 바라보라 보이는 땅을 내가 너와 네 자손에게 주리니 영원히 이르리라 내가 네 자손이 땅의 티끌 같게 하리니 사람이 땅의 티끌을 능히 셀 수 있을진대 네 자손도 세리라 너는 일어나 그 땅을 종과 횡으로 두루 다녀 보라 내가 그것을 네게 주리라 이에 아브람이 장막을 옮겨 헤브론에 있는 마므레 상수리 수풀에 이르러 거주하며 거기서 여호와를 위하여 제단을 쌓았더라(창 13:14-18)

한국인의 방향은 동서남북인데 왜 이곳은 북남동서일까? 북, 부르심의 장소. 남, 지경이 넓어짐. 동, 훈련의 장소. 서, 내가 가야 할 미지의 땅이다.

하나님은 어떤 분이신가
— 능력의 하나님

주의 팔에 능력이 있사오며 (לְךָ זְרוֹעַ עִם-גְּבוּרָה 레카 즈로아 임 그부라)

— 강하신 하나님

주의 손은 강하고 주의 오른손은 높이 들리우셨나이다 (יְמִינֶךָ

תָּעֹז יָדֶךָ תָּרוּם *타오즈 야드카 타룸 에미네카)

— 정의의 하나님

공의와 정의가 주의 보좌의 기초라

(צֶדֶק וּמִשְׁפָּט מְכוֹן כִּסְאֶךָ *쩨덱 우미슈파트 메콘 키쓰에카)

— 인자하신 하나님

인자함과 진실함이 주 앞에 있나이다

(חֶסֶד וֶאֱמֶת יְקַדְּמוּ פָנֶיךָ *헤쎄드 배에멧 예카드무 파네이카)

하나님이 행하시는 구원의 능력을 팔의 능력, 강한 손,
높이 들린 오른손으로 표현하고 있다. 공의, 정의로우신
재판장이시자 인자하시고 진실하신 분으로 설명하고 있다.
세상의 재판관들도 이 구절을 명심하여 공의롭게, 정의롭게
인자와 성실로 재판을 행해야 한다.

성도들은 어떠해야 하나

즐겁게 소리칠 줄 아는 백성은 복이 있나니

(אַשְׁרֵי הָעָם יוֹדְעֵי תְרוּעָה 아슈레 하암 요드에이 트루아)

여호와여 그들이 주의 얼굴 빛 안에서 다니리로다
(יְהוָה בְּאוֹר־פָּנֶיךָ יְהַלֵּכוּן 아도나이 베오르 파네이카 예할레쿤)

복이 있는 백성은 누구인가? 주님을 소리 높여
찬양하며, 주의 얼굴 빛 안에서, 주님이 계시다는 믿음을
가지고 사는 백성들이 복 되도다.

종일 주의 이름 때문에 기뻐하며
(בְּשִׁמְךָ יְגִילוּן כָּל־הַיּוֹם 베슘카 예길룬 콜 하욤)

주의 공의로 말미암아 높아지오니
(וּבְצִדְקָתְךָ יָרוּמוּ 우베찌드카트카 야로무)

우리의 기쁨의 근원 되신 주님의 성호를 찬양하면
공평하신 하나님은 우리에게 승리의 면류관을 선물로
주신다. 누가 우리를 보호해 주실까? 여호와 하나님이
보호자이시다.

우리의 방패는 여호와께 속하였고

(כִּי לַיהוָה מָגִנֵּנוּ 키 라아도나이 마기네누)

우리의 왕은 이스라엘의 거룩한 이에게 속하였기
때문이니이다(לִקְדוֹשׁ יִשְׂרָאֵל מַלְכֵּנוּ 리크도쉬 이쓰라엘 말케누)

　만물은 하나님께서 창조하셨기에 주님께서
소유자이심을 인정하며 그 표현으로 주인이신 하나님을
소리 높여 찬양한다. 찬양받으시기에 합당하신 소유주
하나님은 구원의 능력을 모든 사람에게 보이신다.
재판장이신 왕으로 보좌에 좌정해 계시며 공의, 정의,
진실로 세상을 다스리신다. 하나님을 송축하는 백성에게
복을 내리셔서 주의 얼굴 빛 안에서 다니게 하신다.
하나님을 섬기는 사람들은 온종일 주님의 성호로
인하여 기뻐하며 공의로운 하나님의 판단으로 그들의
억울함이 해결된다. 하나님께서는 고난을 받아도 굴하지
않고 주님을 변함없이 섬기는 성도들에게 힘의 영광,
구원을 보여주신다. 하나님께서 세우신 지도자들이
하나님의 주권을 인정하고 겸손할 때 구원의 뿔은 더욱
높아진다.

하나님이 찾아내신 사람

내가 내 종 다윗을 찾아내어 나의 거룩한 기름을 그에게
부었도다 (20절)

하나님은 지금도 기름 부어 세우실 종들을 찾고 계신다.
하나님께서 찾아내신 다윗(דָּוִד עַבְדִּי 다비드 아브디)에게 일어난
변화는 어떠한지 살펴보자.

기름 부으심(מְשִׁיחֶךָ 메시헤카)
언약의 백성(בְּרִית עַבְדְּךָ 브릿 아브데카, 주의 종의 언약)
세상 왕들에게 지존자(עֶלְיוֹן 엘욘)

주의 종이 누리는 복은 무엇인가?

능력 있는 용사로 세우신 후 돕는 힘을 더하신다.
택함받은 자(בָּחוּר מֵעָם 바후르 메암)를 더욱 높여 주신다.
하나님의 손이 항상 그와 함께하셔서 승리케 하신다.
성실과 인자로 항상 그와 동행하신다.

자신을 찾아내어 기름 부어 주신 하나님을 다윗은 나의

아버지, 나의 하나님, 나의 구원의 바위로 고백하며 그분의
성호를 송축한다. 다윗의 고백을 들어보자.

> 다윗 왕이 여호와 앞에 들어가 앉아서 이르되 나는
> 누구이오며(מִי אָנֹכִי 미 아노키) 내 집은 무엇이기에(מִי בֵיתִי 미
> 베이티) 나를 여기까지 이르게 하셨나이까(삼하 7:18)

자녀 세대의 위기

아비 세대와 달리 자녀 세대에서 큰 위기가 닥쳐올 것을
성경은 예견한다. 선지자 사무엘은 다윗의 후손에게 주신
하나님의 약속의 말씀을 전달하면서 만일 그들이 이토록
크신 은총을 경홀히 여겨 범죄하면 하나님의 징벌이 있음을
경고한다.

> 나는 그에게 아버지가 되고 그는 내게 아들이 되리니 그가 만일
> 죄를 범하면 내가 사람의 매와 인생의 채찍으로 징계하려니와
> 내가 네 앞에서 물러나게 한 사울에게서 내 은총을 빼앗은
> 것처럼 그에게서 빼앗지는 아니하리라(삼하 7:14-15)

하나님 자녀들의 범죄를 시편 89편은 아래와 같이
설명한다.

만일 그의 자손이 내 법(חוֹרָתִי 토라티)을 버리며 내 규례(מִשְׁפָּטַי 미슈파티)대로 행하지 아니하며 내 율례(חֻקֹּתַי 후코타이)를 깨뜨리며 내 계명(מִצְוֹתַי 미쯔보타이)을 지키지 아니하면 (30-32절)

한 걸음 더 나아가 예레미야 선지자는 하나님의 기대를 저버리고 죄악을 일삼을 때 비록 그들이 다윗의 자손일지라도 사울 집안을 버리신 것처럼 하나님의 은총을 빼앗아버리겠다는 하나님의 경고를 전달한다.

너희는 내가 처음으로 내 이름을 둔 처소 실로에 가서 내 백성 이스라엘의 악에 대하여 내가 어떻게 행하였는지를 보라 여호와의 말씀이니라 이제 너희가 그 모든 일을 행하였으며 내가 너희에게 말하되 새벽부터 부지런히 말하여도 듣지 아니하였고 너희를 불러도 대답하지 아니하였느니라 그러므로 내가 실로에 행함 같이 너희가 신뢰하는 바 내 이름으로 일컬음을 받는 이 집 곧 너희와 너희 조상들에게 준 이 곳에 행하겠고 내가 너희 모든 형제 곧 에브라임 온 자손을 쫓아낸 것 같이 내 앞에서 너희를 쫓아내리라 하셨다 할지니라 그런즉 너는 이 백성을 위하여 기도하지 말라 그들을 위하여 부르짖어 구하지 말라 내게 간구하지 말라 내가 네게서 듣지 아니하리라 (렘 7:12-16)

두 말씀 사이의 간극을 어떻게 메울 수 있을까?
하나님께서는 기름 부으신 백성들이 범죄하자 그들에게
노하시고 물리치시고 버리셨다. 이 모습을 왕관을 던져
욕되게 하심으로 표현하고 있다. 또한 그들의 울타리를
파괴하시며 요새를 무너뜨리신 후 이방인에 의해 탈취를
당하며 욕을 경험케 하실 뿐 아니라 대적을 높이시고
원수들을 기뻐하게 하셨다. 이스라엘 백성들의 칼날을
무디게 하셔서 전쟁에서 패배케 하시고 그들의 영광을
그치게 하시며 젊은 날을 짧게 하시고 수치로 덮으셨다.

하나님께 버림받았을 때

89편의 마지막 부분이다.

주께서 주의 기름 부음 받은 자에게 노하사 물리치셔서
버리셨으며 주의 종의 언약을 미워하사 그의 관을 땅에 던져
욕되게 하셨으며 그의 모든 울타리를 파괴하시며 그 요새를
무너뜨리셨으므로 길로 지나가는 자들에게 다 탈취를 당하며
그의 이웃에게 욕을 당하나이다. 주께서 그의 대적들의
오른손을 높이시고 그들의 모든 원수들은 기쁘게 하셨으나
그의 칼날은 둔하게 하사 그가 전장에서 더 이상 버티지
못하게 하셨으며 그의 영광을 그치게 하시고 그의 왕위를

땅에 엎으셨으며 그의 젊은 날들을 짧게 하시고 그를 수치로 덮으셨나이다 (셀라)(38-45절)

시인은 그럼에도 자신이 주께서 기름 부어 세워주신 자임을 기억하며 또다시 하나님의 긍휼하심에 호소한다.

여호와여 언제까지니이까 스스로 영원히 숨기시리이까 주의 노가 언제까지 불붙듯 하시겠나이까 나의 때가 얼마나 짧은지 기억하소서 주께서 모든 사람을 어찌 그리 허무하게 창조하셨는지요 누가 살아서 죽음을 보지 아니하고 자기의 영혼을 스올의 권세에서 건지리이까 (셀라) 주여 주의 성실하심으로 다윗에게 맹세하신 그 전의 인자하심이 어디 있나이까(46-49절)

시편 기자는 하나님의 인자하심에 호소하며 주님을 믿음으로 송축하며 아멘으로 마무리를 맺는다.

여호와를 영원히 찬송할지어다 아멘 아멘

(בָּרוּךְ יְהוָה לְעוֹלָם אָמֵן וְאָמֵן 바룩 아도나이 레 올람 아멘 아멘)

신약성경 마지막 부분도 아멘으로 끝을 맺고 있다.

주 예수의 은혜가 모든 자들에게 있을지어다 아멘(Ἡ χάρις τοῦ κυρίου Ἰησοῦ μετὰ πάντων)[15]

천국 순례자로서 우리의 마지막 말은 무엇일까?

내 인생 여정 끝내어 강 건너 언덕 이를 때/ 하늘 문 향해
말하리 예수 인도하셨네/ 이 가시밭길 인생을 허덕이면서
갈 때에/ 시험과 환난 많으나 예수 인도하셨네/ 내 밟은
발걸음마다 주 예수 보살피시사/ 승리의 개가 부르며 주를
찬송하리라

(후렴)

매일 발걸음마다 예수 인도하셨네/ 나의 무거운 죄짐을 모두
벗고 하는 말/ 예수 인도하셨네

---

15 개역성경에는 '아멘'이 번역되어 있지만 헬라어 원문에는 아멘이 나오지 않는다는
사실이 흥미롭다. 왜 그럴까? 이미 아멘으로 이루어져 있기 때문에 더 이상
아멘으로 화답할 필요가 없어서인가? 갈수록 궁금증이 더해 간다.

모세의 기도

우리에게 우리 날 계수함을 가르치사
지혜로운 마음을 얻게 하소서

시편 150편 중 제목에 '기도'가 있는 시편이 네 편 있다.
'다윗의 기도' 17편과 86편. '하나님의 사람 모세의 기도'
90편. '고난당한 자가 마음이 상하여 그의 근심을 여호와
앞에 토로하는 기도' 102편.

왜 기도해야 하는가

주님이 기뻐하시기 때문이다.

나의 기도를 기쁘게 여기시기를 바라나니 나는 여호와로

말미암아 즐거워하리로다(시 104:34)

기도는 힘이 있기 때문이다.

민음의 기도는 병든 자를 구원하리니 주께서 그를 일으키시리라
혹시 죄를 범하였을지라도 사하심을 받으리라 그러므로 너희
죄를 서로 고백하며 병이 낫기를 위하여 서로 기도하라 의인의
간구는 역사하는 힘이 큼이니라 엘리야는 우리와 성정이 같은
사람이로되 그가 비가 오지 않기를 간절히 기도한즉 삼 년 육
개월 동안 땅에 비가 오지 아니하고 다시 기도하니 하늘이
비를 주고 땅이 열매를 맺었느니라(약 5:15-18)

누가 기도해야 하는가

성경은 고난당한 자들이 기도함으로 그 고난을 극복한
사례들을 많이 기록한다.

여러 해 후에 애굽 왕은 죽었고 이스라엘 자손은 고된
노동으로 말미암아 탄식하며 부르짖으니 그 고된 노동으로
말미암아 부르짖는 소리가 하나님께 상달된지라(출 2:23)

이스라엘 자손이 여호와께 부르짖으매 여호와께서

이스라엘 자손을 위하여 한 구원자를 세워 그들을 구원하게
하시니 (삿 3:9)

한나가 마음이 괴로워서 여호와께 기도하고 통곡하며
서원하여 이르되 만군의 여호와여 만일 주의 여종의 고통을
돌보시고 나를 기억하사 주의 여종을 잊지 아니하시고 주의
여종에게 아들을 주시면 내가 그의 평생에 그를 여호와께
드리고 삭도를 그의 머리에 대지 아니하겠나이다 (삼상 1:10-11)

누구에게 기도하는가

나의 왕, 나의 하나님이여 내가 부르짖는 소리를 들으소서
내가 주께 기도하나이다 (시 5:2)

어떻게 기도하는가
주의 이름으로.

너희 중에 병든 자가 있느냐 그는 교회의 장로들을 청할
것이요 그들은 주의 이름으로 기름을 바르며 그를 위하여
기도할지니라 (약 5:14)

너희가 내 이름으로 무엇을 구하든지 내가 행하리니 이는
아버지로 하여금 아들로 말미암아 영광을 받으시게 하려
함이라 내 이름으로 무엇이든지 내게 구하면 내가 행하리라(요
14:13-14)

그 날에는 너희가 아무 것도 내게 묻지 아니하리라 내가
진실로 진실로 너희에게 이르노니 너희가 무엇이든지
아버지께 구하는 것을 내 이름으로 주시리라 지금까지는
너희가 내 이름으로 아무 것도 구하지 아니하였으나 구하라
그리하면 받으리니 너희 기쁨이 충만하리라(요 16:23-24)

기도에 능력이 있다. 세상에서 가장 능력 있는
것은 기도다. 기도는 하나님의 손을 움직이는 것이다.
하나님께서는 지금 우리에게 기도하라고 명령하신다.
기도에 관한 하나님의 약속은 지금도 유효하다.

하나님의 사람 모세는 기도한다
— 삶의 연수의 한계를 알게 하소서

우리에게 우리 날 계수함을 가르치사 지혜로운 마음을 얻게
하소서(12절)

121

— 돌아오소서

여호와여 돌아오소서 언제까지니이까 주의 종들을 불쌍히
여기소서(13절)

— 행복한 인생이 되게 하소서

아침에 주의 인자하심이 우리를 만족하게 하사 우리를 일생
동안 즐겁고 기쁘게 하소서 우리를 괴롭게 하신 날수대로와
우리가 화를 당한 연수대로 우리를 기쁘게 하소서(14-15절)

— 주의 영광을 나타내소서

주께서 행하신 일을 주의 종들에게 나타내시며 주의 영광을
그들의 자손에게 나타내소서(16절)

— 우리의 손이 행한 일을 형통하게 하소서

주 우리 하나님의 은총을 우리에게 내리게 하사 우리의 손이
행한 일을 우리에게 견고하게 하소서 우리의 손이 행한 일을
견고하게 하소서(17절)

시편 71편에서도 시인은 모세처럼 기도한다.

하나님이여 내가 늙어 백발이 될 때에도 나를 버리지 마시며
내가 주의 힘을 후대에 전하고 주의 능력을 장래의 모든
사람에게 전하기까지 나를 버리지 마소서(시 71:18)

나의 피난처
하나님

나는 여호와를 향하여 말하기를 그는 나의 피난처요 나의 요새요
내가 의뢰하는 하나님이라 하리니

지존자(עליון 엘욘) 여호와 하나님

아브라함이 전쟁에서 승리한 후 살렘 왕 멜기세덱이
그를 영접하는 자리에서 하나님이 어떤 분이신지 잘
설명되고 있다. 히브리식 강조 표현으로 지극히 높으신
하나님이 세 번 반복된다.

아브람이 그돌라오멜과 그와 함께 한 왕들을 쳐부수고
돌아올 때에 소돔 왕이 사웨 골짜기 곧 왕의 골짜기로 나와
그를 영접하였고 살렘 왕 멜기세덱이 떡과 포도주를 가지고

나왔으니 그는 지극히 높으신 하나님(עֶלְיוֹן אֵל 엘 엘욘)의 제사장이었더라 그가 아브람에게 축복하여 이르되 천지의 주재이시요 지극히 높으신 하나님(עֶלְיוֹן אֵל)이여 아브람에게 복을 주옵소서 너희 대적을 네 손에 붙이신 지극히 높으신 하나님(עֶלְיוֹן אֵל)을 찬송할지로다 하매 아브람이 그 얻은 것에서 십분의 일을 멜기세덱에게 주었더라(창 14:17-20)

전능자(שַׁדַּי 샤다이) 여호와 하나님

창세기 17장은 아브람이 하나님께 하갈로 인한 범죄 후에 기록된 장이다. 여기서 하나님은 전능하신 하나님으로 자신을 계시하신다.

아브람이 구십구 세 때에 여호와께서 아브람에게 나타나서 그에게 이르시되 나는 전능한 하나님(שַׁדַּי אֵל 엘 샤다이)이라 너는 내 앞에서 행하여 완전하라(창 17:1)

하나님의 전능하심은 죽은 자와 같았던 사라가 아들을 낳는 일로서 입증되었다.

하나님이 또 아브라함에게 이르시되 네 아내 사래는 이름을 사래라 하지 말고 사라라 하라 내가 그에게 복을 주어 그가

네게 아들을 낳아 주게 하며 내가 그에게 복을 주어 그를 여러

민족의 어머니가 되게 하리니 민족의 여러 왕이 그에게서

나리라(창 17:15-16)

시인은 지존하시며 전능하신 하나님을 향하여 이렇게

고백한다.

나는 여호와를 향하여 말하기를 그는 나의 피난처요 나의

요새요 내가 의뢰하는 하나님이라 하리니(2절)

여호와는 나의 피난처시라 하고 지존자를 너의 거처로

삼았으므로(9절)

그의 신앙고백에 대해 하나님은 이렇게 응답하셨다.

하나님이 이르시되 그가 나를 사랑한즉 내가 그를 건지리라

그가 내 이름을 안즉 내가 그를 높이리라 그가 내게

간구하리니 내가 그에게 응답하리라 그들이 환난 당할 때에

내가 그와 함께 하여 그를 건지고 영화롭게 하리라 내가 그를

장수하게 함으로 그를 만족하게 하며 나의 구원을 그에게

보이리라 하시도다(14-16절)[16]

우리에게 지존하시며 전능하신 하나님이 계시다는
사실이 얼마나 감사하고 감격스러운 은혜인가?

광야 생활이 없었다면

돈 없이 타지 생활을 하는 것이 가능할까? 실력
없이 유학생활을 하는 것이 가능할까? 가정 없이 홀로
광야생활을 하는 것이 가능할까? 그렇게 살아온 이스라엘
광야 10년 타향살이 유학생의 고달픔은 오직 하나님이
베풀어주신 은혜로 이겨낼 수 있었다.

영국 광야 7년은 어땠나? 식량이 없어 밤이나 도토리를
주울 때 영국인들이 질문하곤 하였다. "왜 다람쥐 식량을
주워 가느냐?" 자존감이 무너질 때 기지를 발휘해 이렇게
대답했다. "아, 집에서 다람쥐를 키우거든요." 그때 나는
다람쥐였다. 하나님! 그때 그 경험이 없었더라면 오늘
이토록 감격스러운 나날들이 있을까?

---

16   "환난 날에 나를 부르라 내가 너를 건지리니 네가 나를 영화롭게 하리로다"(시
50:15).

안식일에 부르는 노래

지존자여 십현금과 비파와 수금으로 여호와께 감사하며
주의 이름을 찬양하고 아침마다 주의 인자하심을 알리며
밤마다 주의 성실하심을 베풂이 좋으니이다

제목이 아주 독특하다.

안식일에 부르는 노래(מִזְמוֹר שִׁיר לְיוֹם הַשַּׁבָּת 미즈모르 쉬르 레욤 하샤밧). 91편에 이어 여호와를 지존자로 부르며 안식일에 부르는 노래가 시편 92편이다. 구약에서 안식일은 하나님의 표징으로 이해되었다.

여호와께서 모세에게 말씀하여 이르시되 너는 이스라엘 자손에게 말하여 이르기를 너희는 나의 안식일을 지키라 이는 나와 너희 사이에 너희 대대의 표징이니 나는 너희를 거룩하게

하는 여호와인 줄 너희가 알게 함이라 너희는 안식일을
지킬지니 이는 너희에게 거룩한 날이 됨이니라 그 날을
더럽히는 자는 모두 죽일지며 그 날에 일하는 자는 모두 그
백성 중에서 그 생명이 끊어지리라 엿새 동안은 일할 것이나
일곱째 날은 큰 안식일이니 여호와께 거룩한 것이라 안식일에
일하는 자는 누구든지 반드시 죽일지니라 이같이 이스라엘
자손이 안식일을 지켜서 그것으로 대대로 영원한 언약을 삼을
것이니 이는 나와 이스라엘 자손 사이에 영원한 표징(אות 오트,
sign)이며 나 여호와가 엿새 동안에 천지를 창조하고 일곱째
날에 일을 마치고 쉬었음이니라 하라(출 31:12-17)

출애굽기에서 안식일은 영원한 언약의 표징으로
이해하고 있다. 창세기 9장에서는 무지개가 언약의 증거로
이해되었다.

내가 너희와 언약을 세우리니 다시는 모든 생물을 홍수로
멸하지 아니할 것이라 땅을 멸할 홍수가 다시 있지 아니하리라
하나님이 이르시되 내가 나와 너희와 및 너희와 함께 하는
모든 생물 사이에 대대로 영원히 세우는 언약의 증거(אות)는
이것이니라 내가 내 무지개를 구름 속에 두었나니 이것이 나와
세상 사이의 언약의 증거니라 내가 구름으로 땅을 덮을 때에

무지개가 구름 속에 나타나면 내가 나와 너희와 및 육체를
가진 모든 생물 사이의 내 언약을 기억하리니 다시는 물이
모든 육체를 멸하는 홍수가 되지 아니할지라 무지개가 구름
사이에 있으리니 내가 보고 나 하나님과 모든 육체를 가진
땅의 모든 생물 사이의 영원한 언약을 기억하리라 하나님이
노아에게 또 이르시되 내가 나와 땅에 있는 모든 생물 사이에
세운 언약의 증거가 이것이라 하셨더라(창 9:11-17)

창세기 17장에서는 할례를 언약의 표징으로 설명하고
있다.

하나님이 또 아브라함에게 이르시되 그런즉 너는 내 언약을
지키고 네 후손도 대대로 지키라 너희 중 남자는 다 할례를
받으라 이것이 나와 너희와 너희 후손 사이에 지킬 내
언약이니라 너희는 포피를 베어라 이것이 나와 너희 사이의
언약의 표징(אות)이니라(창 17:9-11)

이사야 선지자는 메시아를 언약의 징표로 설명하고 있다.

그러므로 주께서 친히 징조(אות)를 너희에게 주실 것이라
보라 처녀가 잉태하여 아들을 낳을 것이요 그의 이름을

임마누엘이라 하리라(사 7:14)

히브리어 '오트'(אות)가 '표징', '증거', '징조'로
다양하게 번역되어 독자들에게 혼란을 야기한 점이 있다.
오트는 미래를 위한 표식으로 '표징'으로 이해하는 것이
원문에 더 가깝다. 안식일, 무지개, 할례는 모두 구약성서의
표징으로 오실 메시아, 오신 메시아, 다시 오실 메시아 안에
그 의미가 다 담겨져 있다.

찬양하라

본 시편에서는 안식일에 하나님을 찬양하기 위하여
다양한 악기가 동원된다.

십현금과 비파와 수금으로

(עֲלֵי־עָשׂוֹר וַעֲלֵי־נָבֶל עֲלֵי הִגָּיוֹן בְּכִנּוֹר 알레이 아쏘르 바알레이 나벨 알레이

힉가욘 베키노르)

히브리어 표현의 특징으로 알레이[17](עֲלֵי)가 세 번

---

17   번역이 쉽지 않다. '나뭇가지'로도, '무엇에 관하여'를 뜻하는 도구어로도 번역할
      수 있어 어렵다.

반복된다.

(עֲלֵי־עָשׂוֹר וַעֲלֵי־נָבֶל עֲלֵי הִגָּיוֹן).

하나님을 찬양하는 단어들도 다양하게 등장한다.

감사하고(לְהֹדוֹת 레호돗)

노래하며(לְזַמֵּר 레자메르)

알리며(לְהַגִּיד 레하기드)

외치리이다(אֲרַנֵּן 아란넨)

지존자여 십현금과 비파와 수금으로 여호와께 감사하며 주의
이름을 찬양하고 아침마다 주의 인자하심을 알리며 밤마다
주의 성실하심을 베풂이 좋으니이다 여호와여 주께서 행하신
일로 나를 기쁘게 하셨으니 주의 손이 행하신 일로 말미암아
내가 높이 외치리이다(1-4절)

찬양하는 이유도 명확하게 밝힌다.

여호와여 주께서 행하신 일이 어찌 그리 크신지요 주의 생각이
매우 깊으시니이다(5절)

시편 1편처럼 악인과 의인을 대조적으로 설명한다.

어리석은 자도 알지 못하며 무지한 자도 이를 깨닫지
못하나이다 악인들은 풀 같이 자라고 악을 행하는 자들은 다
흥왕할지라도 영원히 멸망하리이다(6-7절)[18]

의인은 종려나무 같이 번성하며 레바논의 백향목 같이
성장하리로다 이는 여호와의 집에 심겼음이여 우리 하나님의
뜰 안에서 번성하리로다 그는 늙어도 여전히 결실하며 진액이
풍족하고 빛이 청청하니(12-14절)[19]

우리는 안식일을 언약의 징표로 간직하고 준수하는
의인인가?

---

18 "악인들은 그렇지 아니함이여 오직 바람에 나는 겨와 같도다 그러므로 악인들은
    심판을 견디지 못하며 죄인들이 의인들의 모임에 들지 못하리로다 무릇 의인들의
    길은 여호와께서 인정하시나 악인들의 길은 망하리로다"(시 1:4-6).

19 "복 있는 사람은 악인들의 꾀를 따르지 아니하며 죄인들의 길에 서지 아니하며
    오만한 자들의 자리에 앉지 아니하고 오직 여호와의 율법을 즐거워하여 그의 율법을
    주야로 묵상하는도다 그는 시냇가에 심은 나무가 철을 따라 열매를 맺으며 그
    잎사귀가 마르지 아니함 같으니 그가 하는 모든 일이 다 형통하리로다"(시 1:1-3).

예배하는 삶

이스라엘 유학 중 소렉 골짜기에 산 적이 있었다.
예루살렘까지 가는 버스가 하루에 5번밖에 없는 산골
오지에서 예루살렘 히브리 대학을 다녔다. 산골로 들어간
이유는 집값이 저렴했기 때문이다.

산골 마을의 히브리어 이름은 '라맛 라지엘'이다.
'라지엘의 언덕'이라는 뜻으로 라지엘은 이스라엘 독립전쟁
영웅이었다. 유럽과 모로코에서 온 유대인들이 60여 가정
살고 있는 산 위의 동네였다.

수업을 마치고 7시 20분에 떠나는 버스를 놓치면
저녁 10시 20분까지 정거장에서 기다려야만 했다. 지금은
커피숍도 많이 있고 비교적 여유도 있지만 3시간 동안
버스를 기다리며 정류장에서 기다리는 일도 종종 있었다.

문제는 예배드리는 날이었다. 이스라엘은 일요일이
모든 학교와 관공서가 시작하는 첫날이다. 그래서 한인들은
토요일에 아랍 교회를 빌려 주일 예배를 드려야만 했다.
내가 사는 곳은 예루살렘까지 걸어서 3시간이 넘는
산골이었다. 교통편이 없는 안식일에 3시간 이상 산 넘고 물
건너 예루살렘을 향해 가곤 하였다.

돌아올 때도 문제였다. 고속도로까지 아랍 차를 타고
와서 다시 산골로 접어들어 집에 가면 2시간 정도 걸렸다.

왕복 5시간을 걸으면서 은혜를 엄청 받았다. 예배하기 위해
걸었던 5시간. 하늘 아버지는 그런 나를 불쌍히 여겨주셨다.
하나님의 은혜로 기브온 산당 밑자락으로 이사 와서
예루살렘 예배 처소까지 왕복 2시간 40분이 걸렸을 때 너무
가까워서 눈물 흘린 것이 기억난다.

예배하는 삶. 거리는 문제가 되지 않는다. 아, 그래서
솔로몬이 어린 시절 기브온 산당에서 일천 번제를 드리지
않았을까.

여호와가
다스리신다

여호와께서 다스리시니 스스로 권위를 입으셨도다
여호와께서 능력의 옷을 입으시며 띠를 띠셨으므로
세계도 견고히 서서 흔들리지 아니하는도다

홍해를 건넌 이스라엘 백성이 모세와 더불어 큰
찬송을 부르며 미리암이 후렴구로 화답하는 구약의 첫
노래가 출애굽기 15장이다. 시편 93편은 출애굽기 15장의
대합창의 요약이다.

이 때에 모세와 이스라엘 자손이 이 노래로 여호와께
노래하니 일렀으되 내가 여호와를 찬송하리니 그는 높고
영화로우심이요(גָאֹה גָאָה 가오 가아) 말과 그 탄 자를 바다에
던지셨음이로다(출 15:1)

주께서 주의 큰 위엄으로(רֹב גְּאוֹנְךָ 롭 게온카) 주를 거스르는
자를 엎으시니이다 주께서 진노를 발하시니 그 진노가 그들을
지푸라기 같이 사르니이다(출 15:7)

출애굽기 15장과 비교

하나, 다스리심.

여호와께서 다스리시니(시 93:1)
여호와께서 다스리시도다(출 15:18)

둘, 영원하심.

여호와는 영원무궁하시리이다(시 93:5)
여호와는 영원무궁하도록(출 15:18)

셋, 권위, 위엄, 영화로우심.

여호와께서 다스리시니 스스로 권위(גֵּאוּת 게웃)를
입으셨도다(시 93:1)
그는 높고 영화로우심이요(גָאֹה גָאָה 가오 가아, 출 15:1)

주의 큰 위엄으로(רֹב גְּאוֹנְךָ 롭 게온카. 출 15:7)

넷, 능력, 힘.

여호와께서 능력의 옷을 입으시며 띠를 띠셨으므로
(לָבֵשׁ יְהֹוָה עֹז הִתְאַזָּר 로베쉬 아도나이 오즈 히트아자르. 시 93:1)

주의 힘으로(בְעָזְּךָ 베오즈카. 출 15:13)

다섯, 파도보다 크심.

높이 계신 여호와의 능력은 많은 물소리와 바다의 큰 파도보다
크니이다(시 93:4)

주의 콧김에 물이 쌓이되 파도가 언덕 같이 일어서고 큰 물이
바다 가운데 엉기니이다(출 15:8)

여섯, 주의 보좌의 견고하고 거룩하심.

주의 보좌는 예로부터 견고히 섰으며 주는 영원부터
계셨나이다(시 93:2).

여호와여 주의 증거들이 매우 확실하고 거룩함이 주의 집에
합당하니(לְבֵיתְךָ נַאֲוָה־קֹדֶשׁ 레베이트카 나아바 코데쉬) 여호와는
영원무궁하시리이다(시 93:5)

주께서 백성을 인도하사 그들을 주의 기업의 산에
심으시리이다 여호와여 이는 주의 처소를 삼으시려고
예비하신 것이라 주여 이것이 주의 손으로 세우신
성소로소이다(מִקְּדָשׁ אֲדֹנָי 미크다쉬 아도나이) 여호와께서
영원무궁하도록 다스리시도다 하였더라(출 15:17-18)

비교해 보면 여호와의 영원히 다스리심을 공유하고
있다.

하나님이
계시기에

여호와께서는 자기 백성을 버리지 아니하시며
자기의 소유를 외면하지 아니하시리로다

갚아 주시는 하나님(אֵל־נְקָמוֹת **엘 네카못**)

시인의 상황이 얼마나 억울했으면 보복하시는
하나님을 두 번이나 애타게 부를까? 부르짖는 기도를
다음과 같이 표현한다.

빛을 비추어 주소서(1절)

일어나사 마땅한 벌을 주소서(2절)

이렇게 부르짖는 이유를 자세하게 언급한다.

여호와여 악인이 언제까지, 악인이 언제까지 개가를
부르리이까 그들이 마구 지껄이며 오만하게 떠들며 죄악을
행하는 자들이 다 자만하나이다 여호와여 그들이 주의 백성을
짓밟으며 주의 소유를 곤고하게 하며 과부와 나그네를 죽이며
고아들을 살해하며 말하기를 여호와가 보지 못하며 야곱의
하나님이 알아차리지 못하리라 하나이다(3-7절)

하나님을 무시하며 하나님의 백성을 짓밟는 자들은
누구인가?

교만한 자(גֵאִים 게임)

오만한 자(עָתָק 아탁)

악인(רְשָׁעִים 레샤임)

어리석은 자(בֹּעֲרִים 보아림)

무지한 자(כְּסִילִים 케씰림)

죄악을 행하는 자(פֹּעֲלֵי אָוֶן 포알레이 아벤)

이러한 상황에서 하나님은 과연 무엇을 하실까?

귀를 지으신 이가 듣지 아니하시랴 눈을 만드신 이가 보지
아니하시랴(9절)

여호와께서는 자기 백성을 버리지 아니하시며 자기의 소유를
외면하지 아니하시리로다(14절)

그들의 죄악을 그들에게로 되돌리시며 그들의 악으로
말미암아 그들을 끊으시리니 여호와 우리 하나님이 그들을
끊으시리로다(23절)

시인의 신앙고백을 들어보자.

내 속에 근심이 많을 때에 주의 위안이 내 영혼을 즐겁게
하시나이다(19절)

여호와는 나의 요새이시요 나의 하나님은 내가 피할
반석이시라(22절)

그는
우리 하나님이시요

그는 우리의 하나님이시요 우리는 그가 기르시는 백성이며
그의 손이 돌보시는 양이기 때문이라 너희가 오늘 그의 음성을 듣거든

감사가 솟구치는가

노래하며 즐거이 외치며, 감사한 마음으로 지은 시를
낭송하며 우리 하나님만 송축하는지 우리를 돌아보게 하는
귀중한 시편이다. 본 시편은 찬양의 다양성을 보여준다.

노래하며(נְרַנְּנָה 네란네나)

즐거이 외치자(נָרִיעָה 나리아)

감사함으로 그 앞에 나아가며

(נְקַדְּמָה פָנָיו בְתוֹדָה 네카드마 파나브 베토다)

시를 지어 즐거이 그를 노래하자

(בִּזְמִרוֹת נָרִיעַ לוֹ 네카드마 파나브 베토다)

이렇게 찬양해야만 하는 이유는 어디에 있을까?

하나님은 구원의 반석(צוּר יִשְׁעֵנוּ 쭈르 이슈에누, 1절)

크신 왕(מֶלֶךְ גָּדוֹל 멜렉 가돌, 3절)

우리를 지으신 분(עֹשֵׂנוּ 오쎄누, 6절)

우리의 하나님(הוּא אֱלֹהֵינוּ 후 엘로헤이누, 7절)

우리는 주님이 친히 기르시는 백성

(אֲנַחְנוּ עַם מַרְעִיתוֹ 아나후누 암 마르이토, 7절)

주님의 손으로 친히 돌보시는 양(וְצֹאן יָדוֹ 쫀 야도, 7절)

주님 앞에서 주의해야 할 점은 무엇인가?

오늘 그의 음성을 듣거든(7절)

너희 마음을 완악하게 하지 말지어다(8절)

주님을 근심하게 해서는 안 된다(10절)

주님의 길을 알아야 한다(10절)

만일 거절하면 주님의 안식에 들어가지 못함을 명심하라(11절)

어릴 적부터 주님을 섬겨왔고 찬양대 주일학교 교사로
봉사한 경험이 많이 있다. 신학대학원 시절에는 중창단으로
활동하기도 하였고 이스라엘에서는 거리 찬양을
인도하기도 하였다. 목사가 된 지금 주님을 찬양하는 일이
자주 있지만 찬양 자세를 다시 한 번 되돌아보곤 한다.

땀 흘려 찬송하는가. 눈물로 송축하는가. 진정한 감사가
마음으로부터 용솟음쳐 오르는가? 찬송하라. 송축하라.
찬양하라. 우리 하나님을 영원토록 경배하라. 할렐루-야!

노래하라, 즐거워하라, 기뻐하라

새 노래로 여호와께 노래하라
온 땅이여 여호와께 노래할지어다

반복 구조

히브리어의 기록 방식인 반복을 이용하여 찬양을
뜻하는 의미의 동사를 다양하게 사용한다.

노래하라(שִׁירוּ 쉬루. 세 번 반복한다)

돌릴지어다(הָבוּ 하부. 세 번 반복한다)

'즐거워한다'는 의미의 세 가지 다른 동사를 사용한다.

즐거워하며(תָּגֵל 타겔)

즐거워할지로다(יַעֲלֹז 야알로즈)

즐거이 노래하리니(יְרַנְּנוּ 예란네누)

기뻐하는 동사로 마무리를 짓는다.

기뻐하고(יִשְׂמְחוּ 이쓰메후)

주님의 성호를 송축하고 전파하고 선포하는 표현이 세 번 나온다.

그의 이름을 송축한다(בָּרְכוּ שְׁמוֹ 바라쿠 슈모)

전파할지어다(בַּשְׂרוּ 바쓰루)

선포할지어다(סַפְּרוּ 싸프루)

예배자의 자세가 두 번 나온다.

예배할지어다(הִשְׁתַּחֲווּ 히슈타하부)

떨지어다(חִילוּ 힐루)

찬양해야 할 다섯 가지 이유를 설명한다.

구원(יְשׁוּעָתוֹ 예슈아토)

영광(כְּבוֹדוֹ 케보도)

기이한 일(נִפְלְאוֹתָיו 니플레오타브)

위대하심(גָּדוֹל יְהוָה 가돌 아도나이)

창조주(יְהוָה שָׁמַיִם עָשָׂה 아도나이 샤마임 아싸)

주님 안에 있는 것을 다섯 가지로 설명한다.

존귀(הוֹד), 위엄(הָדָר), 능력(עֹז), 아름다움(תִּפְאֶרֶת)이 그의 성소
안에 있다. 권능(영광과 능력)이 주께 있다(כָּבוֹד וָעֹז 카보드 바오즈)

하나님의 심판의 기준은 다음 셋이다.

공평(מֵישָׁרִים 메이샤림), 의(צֶדֶק 쩨덱), 그의 진실(אֱמוּנָתוֹ 에무나토)

아, 그렇구나!

기쁨의
시편

기쁨의
시편

성경은 기쁨이 가득한 책이다. 이사야 선지자는
메시아가 오시면 메마른 땅이 기뻐할 것이라고 예언한다.

광야와 메마른 땅이 기뻐하며(ישֻׂשׂוּם 예쑤쑴) 사막이 백합화 같이
피어 즐거워하며(תָּגֵל 타겔. 사 35:1)

무성하게 피어 기쁜 노래로 즐거워하며(תָּגֵל אַף גִּילַת 타겔
앞 길랏) 레바논의 영광과 갈멜과 사론의 아름다움을 얻을
것이라 그것들이 여호와의 영광 곧 우리 하나님의 아름다움을
보리로다(사 35:2)

여호와의 속량함을 받은 자들이 돌아오되 노래하며 시온에
이르러 그들의 머리 위에 영영한 희락(שִׂמְחַת עוֹלָם 씸핫 올람)을
띠고 기쁨과 즐거움(שָׂשׂוֹן וְשִׂמְחָה 싸쏜 배씸하)을 얻으리니 슬픔과
탄식이 사라지리로다(사 35:10)

스바냐 선지자는 하나님께서 자녀들을 기뻐하심을
이렇게 설명한다.

너의 하나님 여호와가 너의 가운데에 계시니 그는 구원을
베푸실 전능자이시라 그가 너로 말미암아 기쁨(בְּשִׂמְחָה 베씸하)을

이기지 못하시며 너를 잠잠히 사랑하시며(שׁישׁ 야씨쓰)

너로 말미암아 즐거이 부르며 기뻐하시리라(יגיל 야길)

하리라(습 3:17)

제2성전 시대에 무너진 예루살렘의 회복을 위해
힘쓰는 포로 된 백성들에게 느헤미야는 이렇게 격려한다.

느헤미야가 또 그들에게 이르기를 너희는 가서 살진 것을 먹고
단 것을 마시되 준비하지 못한 자에게는 나누어 주라 이 날은
우리 주의 성일이니 근심하지 말라 여호와로 인하여 기뻐하는
것이 너희의 힘이니라(חֶדְוַת יְהוָה הִיא מָעֻזְּכֶם 헤드밧 아도나이 히
마우즈켐, 느 8:10)

신약의 기록
바울은 데살로니가 성도들에게 권면한다.

항상 기뻐하라(Πάντοτε χαίρετέ 살전 5:16)

옥중서신인 빌립보서에서도 기쁨을 강조한다.

너희 안에서 행하시는 이는 하나님이시니 자기의 기쁘신

뜻(τὸ θέλειν)을 위하여 너희에게 소원을 두고 행하게 하시나니 모든 일을 원망과 시비가 없이 하라 이는 너희가 흠이 없고 순전하여 어그러지고 거스르는 세대 가운데서 하나님의 흠 없는 자녀로 세상에서 그들 가운데 빛들로 나타내며 생명의 말씀을 밝혀 나의 달음질이 헛되지 아니하고 수고도 헛되지 아니함으로 그리스도의 날에 내가 자랑할 것이 있게 하려 함이라 만일 너희 믿음의 제물과 섬김 위에 내가 나를 전제로 드릴지라도 나는 기뻐하고 너희 무리와 함께 기뻐하리니(χαίρω καὶ συγχαίρω) 이와 같이 너희도 기뻐하고 나와 함께 기뻐하라(χαίρετε καὶ συγχαίρετέ μοί 빌 2:13-18)

왜 기쁨이 의무인가? 정말 기뻐서 그러는 것인가? 물론이다. 기쁘기 때문이다. 정말 기쁘고 행복한가? 정말 그렇다. 그 이유는 기쁨의 근원이신 예수님을 날마다 체험하기 때문이다. 주님은 우리에게 기쁨을 주신다. 주님은 우리에게 평안을 주신다. 할렐루-야! 아멘!

새 노래로
찬양하라

새 노래로 여호와께 찬송하라 그는 기이한 일을 행하사
그의 오른손과 거룩한 팔로 자기를 위하여 구원을 베푸셨음이로다

하나님의 다스리심

시인은 하나님의 구원하심을 다양하게 표현한다.

자기를 위하여 구원을 베푸셨음이로다

(הוֹשִׁיעָה־לּוֹ 호쉬아 로)

그의 구원을 알게 하시며

(הוֹדִיעַ יְהוָה יְשׁוּעָתוֹ 호디아 아도나이 예슈아토)

우리 하나님의 구원을 보았도다

(רָאוּ יְשׁוּעַת אֱלֹהֵינוּ 라우 예슈앗 엘로헤이누)

153

구원의 의미를 분명히 밝히고 있다.

그가 땅을 심판하러 임하실 것임이로다(בָא לִשְׁפֹּט 바 리슈폴)

그가 의로 세계를 판단하시며(יִשְׁפֹּט־תֵּבֵל 이슈폴 테벨)

공평으로 그의 백성을 심판하시리로다(9절)

하나님의 심판의 기준은 무엇인가?

의(צֶדֶק 쩨덱)

공평(מֵישָׁרִים 메이샤림)

찬송의 다양한 표현들이 등장한다.

찬송하라(שִׁירוּ 쉬루)

즐거이 소리칠지어다(גִּלָה 길라)

소리 내어(הָרִיעוּ 하리우)

즐겁게 노래하며(פִּצְחוּ 피쯔후) 찬송할지어다(רַנֵּנוּ 란네누)

노래하라(זַמְּרוּ 자므루)

외칠지어다(יָרְעַם 이르암)

박수할지어다(יִמְחֲאוּ־כָף 임하우 캎)

즐겁게 노래할지어다(יְרַנֵּנוּ 예란네누)

이렇게 찬양하는 자들은 누구인가?

이스라엘 집(3절)

온 땅, 바다와 거기 충만한 것과 세계와 그 중에 거주하는 자(4, 7절)

큰 물, 산악까지도 주님을 찬양한다고 말씀한다(8절)

이토록 주님을 찬양하는 이유는 무엇일까?

그가 이스라엘의 집에 베푸신 인자와 성실을

기억하셨으므로(3절)

그의 공의를 뭇 나라의 목전에서 명백히 나타내셨도다(2절)

동원되는 악기도 다양하다.

수금(כנור 키노르)으로 여호와를 노래하라

수금과 음성으로(כנור וקול 키노르 배콜) 노래하라

나팔과 호각 소리로(חצצרות וקול שופר 하쪼쩨롯 배콜 쇼파르)

왕이신 여호와 앞에 즐겁게 소리칠지어다(5-6절)

왕이신 나의 하나님 내가 주를 높이고 영원히 주의

이름을 송축하리이다.

여호와께서 영원무궁하도록 다스리시도다(출 15:18)

그의 발등상
앞에서

시편 99편

너희는 여호와 우리 하나님을 높여 그의 발등상 앞에서 경배할지어다
그는 거룩하시도다

거룩하신 하나님

시인은 하나님께 예배한다는 의미의 동사를 반복해서
사용한다.

경배할지어다(השתחוו 히슈타하부)

예배할지어다(השתחוו)

한글 성경은 같은 히브리어 단어를 다르게
번역한다(경배하라, 예배하라). 원래 의미는 엎드리는 행위를

뜻한다. 경배는 주 앞에 엎드리는 최고의 겸허를 표하는
영적 행위로 이를 '예배한다'로 번역하는 것이다.

어디서 엎드리나?

그의 발등상 앞에서

성산에서

하나님의 거룩하심을 세 번 반복한다.

그는 거룩하심이로다(קָדוֹשׁ הוּא 카도쉬 후, 3절)

그는 거룩하시도다(קָדוֹשׁ הוּא 카도쉬 후, 5절)

여호와 우리 하나님은 거룩하심이로다(קָדוֹשׁ יְהוָה אֱלֹהֵינוּ 카도쉬

아도나이 엘로헤이누, 9절)

하나님의 높으심을 세 번 반복한다.

시온에 계시는 여호와는 위대하시고 모든 민족보다

높으시도다(רָם 람, 2절)

너희는 여호와 우리 하나님을 높여(רוֹמְמוּ 로메무, 5절)

너희는 여호와 우리 하나님을 높이고(רוֹמְמוּ 9절)

행동하시는 분으로 하나님을 설명한다.

다스리시니

좌정하시니

정의를 사랑하느니라

공의를 견고하게 세우시고

정의와 공의를 행하시나이다

응답하셨도다

말씀하시니

행한 대로 갚기도 하시고 용서도 하셨도다

주님을 알아온 시간

신앙생활을 해온 지 63년이 되었다. 어머니 품에 안겨 예배드리던 노량진교회 유아부 시절. 어머니 손에 이끌리어 성전에서 잠을 자던 평광교회 유치부 이후 청년 시절. 사역자가 되어 전도사로 섬겼던 성남, 서울 새문안교회, 충신교회 시절. 외국 유학 생활 중 섬겼던 예루살렘 교회. 영국 생활 중 섬겼던 번모스 한인교회, 런던 열방교회 개척 시절. 고국으로 돌아와 섬기는 평광교회 담임목회자로서의 삶. 지난 60여 년 동안 주님을 어렴풋이 느끼고 알아가는 참으로 행복한 시간이었다. 앞으로 만나게 될 주님. 새로

연애하는 심정으로 예수님을 더욱 사랑하련다.

하나님, 감사, 감사드립니다.

감사의
이유

감사함으로 그의 문에 들어가며 찬송함으로 그의 궁정에 들어가서
그에게 감사하며 그의 이름을 송축할지어다

감사의 이유

제목이 신선하다. '감사 시편'(מִזְמוֹר לְתוֹדָה 미즈모르 레토다).
우리가 감사해야 할 이유에 대해 여섯 가지 이유를 제시한다.

— 첫째, 그분만이 하나님이시다(הוּא אֱלֹהִים 후 엘로힘).

출애굽의 하나님은 말씀하셨다. 나 외에 다른 신을 두지
말라. 그렇게 말씀하실 수 있는 이유는 이스라엘 백성을
애굽 종살이에서 구원해 내셨기 때문이다. 우리만 알기로

작정하신 하나님. 우리도 주님만을 섬기기로 결정하자.

— 둘째, 그분께서 우리를 지으셨다(הוּא־עָשָׂנוּ 후 아싸누).

하나님은 창조주, 우리는 피조물이다. 당연히 우리를 지으신 하나님께만 예배해야 하지 않겠는가?

— 셋째, 우리는 그분의 백성이다(אֲנַחְנוּ עַמּוֹ 아나후누 암모).

이 말은 하나님이 우리의 왕이시기에 주님의 백성으로 하나님의 통치를 받아들인다는 고백이다.

— 넷째, 그분의 초장의 양이다(צֹאן מַרְעִיתוֹ 쫀 마르이토).

하나님은 우리를 주님의 초장 가운데로 인도하시는 목자이시다.

— 다섯째, 선하시고 인자하심이 영원하시도다
(טוֹב יְהוָה לְעוֹלָם חַסְדּוֹ 톱 아도나이 레올람 하쓰도).

하나님은 좋으신 분이시며 사랑의 하나님이시다.

영원히 좋으시고 사랑이 무한하신 우리 하나님을 송축하자.

— 여섯째, 성실하심이 대대에 이르리로다

(עַד־דֹּר וָדֹר אֱמוּנָתוֹ 아드 도르 바도르 에무나토).

하나님의 진실하심이 자손 대대에 미친다. 우리의
후손들도 주님께 신실한 신앙인으로의 삶을 살아가길
원한다.

예배받으실 하나님

여섯 가지 하나님과의 관계 속에서 그분을 찬양한다.
즐거운 찬양 소리가 온 땅에 퍼진다. 기쁨으로 여호와를
섬긴다. 악기를 연주하며 하나님께 나아가 경배한다.
감사함으로 주님이 머무시는 문 안으로 들어간다. 주님을
송축하며 성호를 축복하며 감사의 예를 갖춘다.

나는 하나님을 예배하는 예배자입니다/ 내가 서 있는 곳
어디서나 하나님을 예배합니다/ 내 영혼 거룩한 은혜를
향하여 내 마음 완전한 하나님 향하여/ 이곳에서 바로 이 시간
하나님을 예배합니다(<나는 예배자입니다>, 송세라 작사 / 전종혁 작곡)

충성된 자의
노래

내 눈이 이 땅의 충성된 자를 살펴 나와 함께 살게 하리니
완전한 길에 행하는 자가 나를 따르리로다

병행구조로 노래

시인은 병행구조를 사용해 주님을 노래한다. 먼저
여호와와 인자와 정의가 병행을 이룬다.

인자와 정의(חֶסֶד־וּמִשְׁפָּט 헤쎄드 우미슈파트)를 노래하겠나이다
여호와여 주께 찬양하리이다(יְהוָה אֲזַמֵּרָה 아도나이 아자메라)

완전한 길과 완전한 마음이 병행을 이룬다.

완전한 길(בְּדֶרֶךְ תָּמִים 배데렉 탐밈)을 주목하오리니 완전한

마음(בְּתָם־לְבָבִי 배탐 레바비)으로 내 집 안에서 행하리이다

비천한 것과 배교자들의 행위가 병행을 이룬다.

비천한 것(דְּבַר־בְּלִיָּעַל 드바르 벨리야알)을 내 눈앞에 두지 아니할

것이요

배교자들의 행위(עֲשֹׂה־סֵטִים 아싸 쎄팀)를 미워하오리니

사악한 마음과 악한 일이 병행을 이룬다.

사악한 마음(לֵבָב עִקֵּשׁ 레밥 이케쉬)이 내게서 떠날 것이니

악한 일(רָע 라아)을 내가 알지 아니하리로다

은근히 헐뜯는 자와 눈이 높고 마음이 교만한 자가

병행을 이룬다.

자기의 이웃을 은근히 헐뜯는 자(מְלָשְׁנִי בַסֵּתֶר רֵעֵהוּ 메라슈니

바쎄테르 레에후)를 내가 멸할 것이요

눈이 높고(גְּבַהּ־עֵינַיִם 게바 에이나임) 마음이 교만한 자(רְחַב לֵבָב 로합

레밥)를 내가 용납하지 아니하리로다

충성된 자와 완전한 길에 행하는 자가 병행을 이룬다.

내 눈이 이 땅의 충성된 자(נֶאֶמְנֵי־אֶרֶץ 네에메네이 에레츠)를 살펴
나와 함께 살게 하리니 완전한 길에 행하는 자(הֹלֵךְ בְּדֶרֶךְ תָּמִים
홀렉 배데렉 탐밈)가 나를 따르리로다

영원한 안식의 복

주옥같은 신앙의 비타민을 정리해 보자. 신앙인은
주님의 인자와 정의를 노래한다. 신앙인은 완전한 길과
마음으로 행동한다. 신앙인은 배교하지 않으며 고상한 일에
힘쓴다. 신앙인은 악한 일을 멀리하고 선한 마음을 갖는다.
신앙인은 이웃과 화목하며 겸손한 자와 동행한다. 신앙인은
충성된 종이다. 하나님은 이러한 신앙인에게 영원한 안식의
복을 내리신다.

욥의
기도

내 날이 연기 같이 소멸하며
내 뼈가 숯 같이 탔음이니이다

고통 가운데

제목은 가난한 자의 기도(תְּפִלָּה לְעָנִי 트필라 레오니)로 고난의
종 욥을 생각나는 만드는 시편이다. 한 구절 한 구절 놓칠 수
없다.

나의 부르짖음(יַשְׁוָעָתִי 이슈폭 씨호)

괴로운 날에(בְּיוֹם צַר 배욤 짜르)

부르짖는 날에(בְּיוֹם אֶקְרָא 배욤 에크라)

날이 연기같이 소멸하며

167

뼈가 숯같이 탔음이니이다

음식 먹기도 잊었음으로

마음이 풀 같이 시들고 말라 버렸사오며

탄식 소리(קוֹל אַנְחָתִי 콜 안하티)

살이 뼈에 붙었나이다

광야의 올빼미(קְאַת מִדְבָּר 케앗 미드바르) 같고 황폐한 곳의

부엉이(כּוֹס חֳרָבוֹת 코쓰 호라봇) 같이 되었사오며

밤을 새우니 지붕 위의 외로운 참새(צִפּוֹר בּוֹדֵד עַל־גָּג 찌포르 보데드
알 각) 같으니이다

원수들이 종일 나를 비방하며 내게 대항하여 미칠 듯이 날뛰는
자들이 나를 가리켜 맹세하나이다

재를 양식 같이 먹으며 눈물 섞인 물을 마셨나이다

주께서 나를 들어서 던지셨나이다

날이 기울어지는 그림자 같고 풀의 시들어짐 같으니이다

현재 처한 상황이 처절하게 묘사되고 있다. 여기서
제기되는 질문은 '시편의 주어인 나는 개인일까
집단일까'이다. 나라면 개인의 고백이고 집단이면
이스라엘 민족이다. 고통 가운데 시선을 주님에게로 향하는
시인의 모습을 보게 된다. 그의 신앙고백을 들어보자.

주님은 영원히 계십니다(אַתָּה יְהוָה לְעוֹלָם תֵּשֵׁב 아타 아도나이 레올람
테쉡)

주님을 영원히 기억합니다(זִכְרְךָ לְדֹר וָדֹר 지크레카 레도르 바도르)

주님 일어나십시오(אַתָּה תָקוּם 아타 타쿰)

주님은 지금 은혜를 베푸십니다(עֵת לְחֶנְנָהּ 엣 레헨나)

주님의 때가 있습니다(בָא מוֹעֵד 바 모에드)

주님의 계신 성전을 사모합니다

빈궁한 자의 기도를 돌아보십니다

나의 삶이 후세를 위해 기록되길 원합니다

하나님은 높은 성소에서 굽어보심을 믿습니다

갇힌 자의 탄식을 들으십니다

죽이기로 정한 자를 해방하십니다

고난당하는 사람들이 회복되어 주님 계시는 시온과 거룩한
성읍 예루살렘에서 주님의 영예를 선포할 것을 믿습니다

땅의 기초를 놓으셨고 하늘도 주의 손으로 직접 지으셨습니다

민족들과 나라들이 함께 모여 주님을 찬양할 날이 도래 할
것을 믿습니다

중년에 저의 생명을 거두지 마시기를 간청합니다

천지는 없어지나 주님은 영존하심을 믿습니다(אַתָּה־הוּא 아타 후)

주님께서 한결같으심을 인정합니다

주님을 섬기는 사람들은 항상 안전히 거주하며 후손들은 주님

앞에서 굳게 서게 될 줄로 믿습니다

욥과 같은 삶을 사는 신앙인들이 흑암의 땅들에 곳곳이
퍼져 있다. 하나님께 기도한다. 북한의 지하교회 성도들,
중국 공산 치하에서 신앙을 지키는 사람들, 이란의 여성
청년들, 아프리카의 어린이들, 우크라이나의 고난받는
하나님의 사람들에게 회복의 그날이 속히 주어지기를
기도드린다.

네 청춘을
새롭게

좋은 것으로 네 소원을 만족하게 하사
네 청춘을 독수리 같이 새롭게 하시는도다

제목이 간단명료하다. 다윗에게 속한 시(לְדָוִד 레다비드).
내용을 살펴보자. 송축하라(בָּרֲכִי 바라키)가 처음에 두 번,
마지막에 두 번, 모두 네 번 반복된다.[20]

누가 송축하나?

내 영혼아(נַפְשִׁי 낮쉬).[21]

---

20 '송축하라'로 번역된 히브리어의 원뜻은 '무릎을 꿇어라'이다.

내 영혼, 모든 천군, 하나님이 다스리는 모든 곳에 있는
자들로 각각 한 번씩 나온다. 그렇다면 왜 송축해야 하는가?

그의 거룩한 이름(שֵׁם קָדְשׁוֹ 쉠 코드쇼) 때문에

그의 모든 은택[22](כָּל־גְּמוּלָיו 콜 그물라브)으로 인하여

인자와 긍휼(חֶסֶד וְרַחֲמִים 헤쎄드 베라하밈)로 인하여

공의로운 심판(עֹשֵׂה צְדָקוֹת 오쎄 쩨다콧) 때문에

아버지(אָב 압)이시기에

하나님이 보여주신 인자하심과 긍휼하심을 구체적으로
설명한다.

모든 병을 고치시며(3절)

생명을 파멸에서 속량하시고(4절)

좋은 것으로 네 소원을 만족하게 하사(5절)

여호와는 긍휼이 많으시고 은혜로우시며 노하기를 더디

하시고 인자하심이 풍부하시도다(8절)

여호와의 인자하심은 자기를 경외하는 자에게 영원부터

---

21   히브리어 '영혼'은 육체, 정신, 영을 모두 포함하는 개념으로 이해할 수 있다.

22   '은택'으로 번역된 히브리어의 원뜻은 '갚아주심'이다.

영원까지 이르며 그의 의는 자손의 자손에게 이르리니 (17절)

눈이 밝은 것은

어린 시절 불결한 상황에 눈병을 앓아 60세가 넘도록 고생을 하고 있다. 새벽기도를 드리면서 많이 호전되었어도 아직도 완쾌는 아니기에 때론 불편함을 느끼고 있다.

그동안 눈의 치유를 위해 하나님께 많은 세월 울부짖었고 안과 의사를 찾아다닌 횟수는 헤아릴 수 없을 정도다. 하지만 지금은 너무 감사하고 행복한 치유과정을 경험하고 있다. 하나님께서 좋고 신실한 의사를 보내주셔서 2주에 한 번씩 특수 치료를 받고 있다.

세밀하게 응답하시는 주님. 매번 치유받는 눈을 갖고 성경을 읽으며 목회할 수 있어서 얼마나 감사한지 모른다. 의사 선생님이 말씀하신다. "목사님, 하나님 나라 가실 때까지 눈을 치료해 드릴게요." …….

하나님, 감사합니다.

눈이 밝은 것은 마음을 기쁘게 하고 좋은 기별은 뼈를 윤택하게 하느니라 (잠 15:30)

주님이
입으신 옷

주께서 옷을 입음 같이 빛을 입으시며
하늘을 휘장 같이 치시며

시작과 끝, 할렐루야

내 영혼아 여호와를 송축하라(1절)
내 영혼아 여호와를 송축하라 할렐루야(35절)

시인은 하나님을 이렇게 묘사한다.

주는 심히 위대하시며 존귀와 권위로 옷 입으셨나이다(1절)

주님이 입으신 옷은 존귀와 권위(הוֹד וְהָדָר 호드 배하다르)와
빛(אוֹר 오르)이시다. 주님이 행하시는 일은 실로 다양하다.

> 하늘을 휘장 같이 치시며
> 바람을 자기 사신으로 삼으시고
> 불꽃으로 자기 사역자를 삼으시며
> 땅에 기초를 놓으사
> 땅을 깊은 바다로 덮으시매
> 꾸짖으시니 물은 도망하며
> 물의 경계를 정하여 넘치지 못하게 하시며
> 샘을 골짜기에서 솟아나게 하시고
> 산에 물을 부어 주시니
> 사람의 마음을 기쁘게 하는 포도주와 사람의 얼굴을 윤택하게
> 하는 기름과 사람의 마음을 힘있게 하는 양식을 주셨도다
> 달로 절기를 정하심이여
> 흑암을 지어 밤이 되게 하시니

시인은 이렇게 많은 일을 행하시는 주님을 찬양한다.

여호와여 주께서 하신 일이 어찌 그리 많은지요 주께서
지혜로 그들을 다 지으셨으니 주께서 지으신 것들이 땅에

가득하니이다(24절)

시인은 하나님께 신앙을 고백한다.

평생토록 여호와께 노래하며(אָשִׁירָה לַיהוָה בְּחַיָּי 아쉬라 라아도나이
베하야이)
살아 있는 동안 하나님을 찬양하리로다(אֲזַמְּרָה לֵאלֹהַי בְּעוֹדִי
아자므라 레엘로하이 베오디, 33절)
나의 기도를 기쁘게 여기시기를 바라나니 나는 여호와로
말미암아 즐거워하리로다(אֶשְׂמַח בַּיהוָה 에쓰마흐 바아도나이, 34절)

어려움은 하나님이 보내신 초청의 편지이다.

이로 말미암아 모든 경건한 자는 주를 만날 기회를 얻어서
주께 기도할지라 진실로 홍수가 범람할지라도 그에게 미치지
못하리이다(시 32:6)

어려울 때마다 하나님 앞에 넙죽 엎드린다. '하나님,
도와주세요' 간청드리면 하나님 응답하신다. 기도하자,
우리 마음 합하여. 믿으며 기도하자. 반드시 응답 주시리라.
아멘.

내가 너를
건지리니

여호와께 감사하고 그의 이름을 불러 아뢰며
그가 하는 일을 만민 중에 알게 할지어다

하나님께 대하여

— 감사하고(הוֹדוּ 호두)

여호와께 감사하라 그는 선하시며 그 인자하심이
영원함이로다(136:1)

감사로 제사를 드리는 자가 나를 영화롭게 하나니 그의 행위를
옳게 하는 자에게 내가 하나님의 구원을 보이리라(50:23)

— 불러 아뢰며(קְרָא 키르우)

환난 날에 나를 부르라 내가 너를 건지리니 네가 나를
영화롭게 하리로다(50:15)

— 알게 할지어다(הוֹדִיעוּ 호디우)

아름다운 소식을 시온에 전하는 자여 너는 높은 산에 오르라
아름다운 소식을 예루살렘에 전하는 자여 너는 힘써 소리를
높이라 두려워하지 말고 소리를 높여 유다의 성읍들에게
이르기를 너희의 하나님을 보라 하라(사 40:9)

— 노래하며(שִׁירוּ 쉬루)

그 노래와 찬송이 시작될 때에 여호와께서 복병을 두어 유다를
치러 온 암몬 자손과 모압과 세일 산 주민들을 치게 하시므로
그들이 패하였으니(대하 20:22)

— 찬양하며(זַמְּרוּ)

호흡이 있는 자마다 여호와를 찬양할지어다 할렐루야(150:6)

— 말할지어다(שׁמֹרוּ 씨후)

말하는 자의 소리여 이르되 외치라 대답하되 내가 무엇이라

외치리이까 하니 이르되 모든 육체는 풀이요 그의 모든

아름다움은 들의 꽃과 같으니 풀은 마르고 꽃이 시듦은

여호와의 기운이 그 위에 붊이라 이 백성은 실로 풀이로다

풀은 마르고 꽃은 시드나 우리 하나님의 말씀은 영원히 서리라

하라(사 40:6)

— 구할지어다(דרשׁוּ 디르슈)[23], 항상 구할지어다(בקשׁוּ 박슈)[24]

— 기억할지어다(זכרוּ 지크루)[25]

감사하는 사람에게 주시는 선물

— 나오게 하시고(יוצא 요쩨)[26]

그의 백성이 즐겁게 나오게 하시며 그의 택한 자는 노래하며

---

23   이 단어에서 '미드라쉬'라는 용어가 나왔다. 미드라쉬는 성경의 뜻을 구한다는
      의미로 성경 구전사를 요약해 놓은 책이다.

24   간절한 마음으로 청하는 의미이다.

25   이 단어의 명사는 '자카르'로 남성을 의미한다. 남성은 기억하는 존재를 뜻한다.

26   '출애굽'을 히브리어로 '예찌앗 미쯔라임'이라고 부른다. 이집트로부터 나왔다는
      뜻이다.

나오게 하시고(43절)

─ 소유로 가지게 하셨으니(יַּיֵּנֵם 이라슈)[27]

여러 나라의 땅을 그들에게 주시며 민족들이 수고한 것을
소유로 가지게 하셨으니(44절)

이렇게 하시는 이유

─ 그들이 그의 율례를 지키고(יִשְׁמְרוּ חֻקָּיו 이슈메루 후카브)[28]

─ 그의 율법을 따르게 하려 하심이로다(תוֹרֹתָיו יִנְצֹרוּ
토로타브 인쪼루)[29]

─ 할렐루-야(הַלְלוּ־יָהּ 45절)

---

27 원형 '야라쉬'의 뜻은 '기업을 받다'이다. 하나님은 자녀에게 기업을 선물로
    주신다. "영접하는 자 곧 그 이름을 믿는 자들에게는 하나님의 자녀가 되는 권세를
    주셨으니"(요 1:12).

28 하나님의 말씀은 법이다. 율례로 번역된 '혹'은 원래 법을 의미한다.

29 '토라'는 단수로, 하나님의 말씀을 총괄하는 표현이며 복수형태의 '토롯'은
    구체적인 법령을 뜻한다. '지킨다'는 히브리어 '나짜르'에서 '나사렛'이 나온다. 즉
    나사렛 사람이란 하나님의 말씀을 준수하는 사람들이다.

할렐루야,
할렐루−야

여호와 이스라엘의 하나님을 영원부터 영원까지 찬양할지어다
모든 백성들아 아멘 할지어다 할렐루−야

할렐루야, 할렐루−야

할렐루야(הַלְלוּ־יָהּ 1절)로 시작해서 할렐루야(הַלְלוּ־יָהּ 48절)로
끝나는 시편이다. 자세히 살펴보면 할렐루야에 다른 점이
있다. 첫 번째 할렐루야는 쭉 이어 말하는 할렐루야이지만
마지막 할렐루야는 할렐루−야로 끝난다는 점이다.
의미인즉 '할렐루'(찬양하자) + '야'(여호와)이다. 첫 번째
할렐루야는 감사와 깊은 연관이 있다.

할렐루야 여호와께 감사하라(הוֹדוּ לַיהוָה 1절)

181

왜 감사를 드려야 하는가? 이스라엘의 하나님이시기 때문이다.

여호와 이스라엘의 하나님을 영원부터 영원까지 찬양할지어다
(48절 בָּרוּךְ־יְהֹוָה אֱלֹהֵי יִשְׂרָאֵל מִן־הָעוֹלָם וְעַד הָעוֹלָם)

'찬양하라'로 번역된 히브리어 '바룩'의 원뜻은 '복 되시도다', '무릎을 꿇다'이다. 이렇게 무릎 꿇고[30] 감사해야 할 또 다른 이유는 어디에 있을까?

그는 선하시며 그 인자하심이 영원함이로다
(1절 כִּי־טוֹב כִּי לְעוֹלָם חַסְדּוֹ)

주님은 찬양받기에 홀로 합당하신 분이시도다.

주의 영예를 찬양하게 하소서(47절 לְהִשְׁתַּבֵּחַ בִּתְהִלָּתֶךָ)

마지막 부분은 대합창에 속한다.

---

30   히브리어 '무릎'(비르카임)과 '복'(브라카), '샘'(브레카)은 어근이 동일하다.

모든 백성들아 아멘(אָמֵן) 할지어다 할렐루―야(הַלְלוּיָהּ 48절)

오늘 시편은 복 된 자가 누구인지를 말씀한다.

정의를 지키는 자(שֹׁמְרֵי מִשְׁפָּט 쇼므레이 미슈파트)

정의는 하나님 앞에서 공명정대, 공평한 기준을 갖고 사는 것을 뜻한다.

항상 공의를 행하는 자(עֹשֵׂה צְדָקָה 오쎄 쩨다카)는 복이 있도다(3절)

공의로 번역된 히브리어 '쩨다카'는 긍휼, 자선행위를 의미한다. 불쌍한 이웃을 돌보는 구체적인 사랑행위가 공의인 것이다.

네 생각에는 이 세 사람 중에 누가 강도 만난 자의 이웃이
되겠느냐 이르되 자비를 베푼 자니이다 예수께서 이르시되
가서 너도 이와 같이 하라 하시니라(눅 10:25-37)

여호와께서 이르시되 내가 하려는 것을 아브라함에게
숨기겠느냐 아브라함은 강대한 나라가 되고 천하 만민은

183

그로 말미암아 복을 받게 될 것이 아니냐 내가 그로 그 자식과
권속에게 명하여 여호와의 도를 지켜 공의와 정의를 행하게
하려고 그를 택하였나니 이는 나 여호와가 아브라함에게
대하여 말한 일을 이루려 함이니라(창 18:17-19)

나를 기억하시며(זָכְרֵנִי יְהוָה 조크레니 아도나이)

기억하소서 주여! 기억하소서 주여! 히브리어
단어 유희를 해보면 '기억한다'는 단어는 '자카르'의
남성형으로도 사용된다. 즉 남자는 기억하는 존재이다.
무엇을 기억할까? 하나님의 은혜가 아닐까?

주의 구원으로 나를 돌보사(פָּקְדֵנִי בִּישׁוּעָתֶךָ 파크데니 비슈아테카,
4절)[31]

험한 시험 물속에서 나를 건져주시고/ 노한 풍랑 지나도록
나를 숨겨주소서/ 주여 나를 돌보시사 고이 품어주시고/ 험한
풍파 지나도록 나를 숨겨주소서(새찬송가 400장)

---

31   히브리어 '파카드'의 원뜻은 '찾아오셔서 돌보신다'이다. "그 여인이 모압 지방에서
여호와께서 자기 백성을 돌보시사 그들에게 양식을 주셨다 함을 듣고 이에 두
며느리와 함께 일어나 모압 지방에서 돌아오려 하여"(룻 1:6).

이사야 선지자는 하나님의 보호와 위로의 말씀을
전달한다.

> 두려워하지 말라 네가 수치를 당하지 아니하리라 놀라지
> 말라 네가 부끄러움을 보지 아니하리라 네가 네 젊었을 때의
> 수치를 잊겠고 과부 때의 치욕을 다시 기억함이 없으리니
> 이는 너를 지으신 이가 네 남편이시라 그의 이름은 만군의
> 여호와이시며 네 구속자는 이스라엘의 거룩한 이시라 그는 온
> 땅의 하나님이라 일컬음을 받으실 것이라(사 54:4-5)

주의 택하신 자(בְחִירֶיךָ 브히레이카)

모세는 우리를 택하신 이유가 가장 수가 적기 때문임을
밝히고 있다.

> 여호와께서 너희를 기뻐하시고 너희를 택하심은 너희가 다른
> 민족보다 수효가 많기 때문이 아니라 너희는 오히려 모든
> 민족 중에 가장 적으니라(신 7:7)

갈릴리에서 자신을 택하여 제자로 삼으신 예수님의
은혜에 감격한 사도 베드로는 초대교회 성도들에게
신명기를 인용해서 다음과 같이 격려한다.

너희는 택하신 족속이요 왕 같은 제사장들이요 거룩한 나라요
그의 소유가 된 백성이니 이는 너희를 어두운 데서 불러 내어
그의 기이한 빛에 들어가게 하신 이의 아름다운 덕을 선포하게
하려 하심이라 너희가 전에는 백성이 아니더니 이제는
하나님의 백성이요 전에는 긍휼을 얻지 못하였더니 이제는
긍휼을 얻은 자니라(벧전 2:9-10)

형제들아 더욱 힘써 너희 부르심과 택하심을 굳게 하라 너희가
이것을 행한즉 언제든지 실족하지 아니하리라 이같이 하면
우리 주 곧 구주 예수 그리스도의 영원한 나라에 들어감을
넉넉히 너희에게 주시리라(벧후 1:10-11)

다메섹 도상에서 주님을 만나 극적 회심을 한 후 생명을
아끼지 않는 주의 종이 된 바울도 동일한 말씀을 전한다.

형제들아 너희를 부르심을 보라 육체를 따라 지혜로운 자가
많지 아니하며 능한 자가 많지 아니하며 문벌 좋은 자가 많지
아니하도다 그러나 하나님께서 세상의 미련한 것들을 택하사
지혜 있는 자들을 부끄럽게 하려 하시고 세상의 약한 것들을
택하사 강한 것들을 부끄럽게 하려 하시며 하나님께서 세상의
천한 것들과 멸시 받는 것들과 없는 것들을 택하사 있는

것들을 폐하려 하시나니 이는 아무 육체도 하나님 앞에서

자랑하지 못하게 하려 하심이라(고전 1:26-29)

우리는 누구인가? 가장 작기 때문에, 가장 연약하기

때문에, 가장 어리석기 때문에 선택받은 사람들 아닌가?

모든 사명 끝내고 천국 문에 입성할 때 "할렐루-야!"를

크게 외치며 우리 주님께 문안드리자. 송축합니다.

감사합니다. 사랑합니다. "May I come in?"(주님 들어가도

될까요?)

〈시편 23편 제주도 버전〉[32]

여호와는 나의 태우리시난 나신딘 모질난게
어실꺼우다 주님이 날 도라그네 시퍼렁허게 곱닥헌 풀밭
윗터레 눕게 허시곡 목 타그넹에 물 촛지 못헤영 헐때도
쉼직헌 물 조크티로 동겨 주엄신디 조들아질게 무싱거 이서
마씸 나 영혼이 정신어시 다 죽어가젠 헐때도 내불지 안행
살려 주곡 주님 일름 위허영 의의 질로 도려다 줄거우다
나가 죽엄직허게 왁왁 어두룩헌 골챙이로 뎅긴덴 허여도
호나도 모수왕 허지 안 허는 건 주님이 나 손을 또끼잡앙
고찌 이싱걸 아난 입쭈마씸 주님의 지팽이영 몽뎅이가 매날
날 지켜 주는 거 알당도 남읍쥬게 주님이양 나만 조들리게

---

32   제주도 방언은 제주대학 교육과 교수를 역임하신 허철수, 김인자 부부께서
      제공하신 자료이다.

허는 사름덜 뵈려 보는 앞이서 나신디 하가건 고득허게 잘
초린 상을 주시곡 듬삭헌 지름을 나 대멩이 우티레 부서
주난 나 종재기가 고득 넘쳐그네 하영 지꺼져수게 경허난
나 혼펭싱 살쟁허민 허뜩헌디 보젠 말앙 착허곡 어진
것들이 촘말로 놀개치멍 나 조롬에 또라 올거난 어떵행
이라도 이신기신 다 냉으네 여호와 장막집이서 콕 박아정
펭싱 살쿠다

189

조성욱의 시편 묵상

Walking with the Psalms 73~106

지은이 조성욱
펴낸곳 주식회사 홍성사
펴낸이 정애주
국효숙 김의연 박혜란 손상범
송민규 오민택 임영주 차길환

2023. 6. 23. 초판 발행   2024. 5. 24. 2쇄 발행

등록번호 제1-499호 1977. 8. 1.
주소 (04084) 서울시 마포구 양화진4길 3 전화 02) 333-5161 팩스 02) 333-5165
홈페이지 hongsungsa.com 이메일 hsbooks@hongsungsa.com
페이스북 facebook.com/hongsungsa
양화진책방 02) 333-5161

ISBN 978-89-365-1565-2 (03230)